臺灣歷史與文化 研究輯刊

十九編

第 9 冊

臺灣契約文書中典、賣妻之研究

張芸涵 著

花木蘭文化事業有限公司

國家圖書館出版品預行編目資料

臺灣契約文書中典、賣妻之研究／張芸涵 著 -- 初版 -- 新北
市：花木蘭文化事業有限公司，2021〔民110〕
目 4+164 面；19×26 公分
（臺灣歷史與文化研究輯刊十九編；第 9 冊）
ISBN 978-986-518-457-5（精裝）
1. 人口販賣 2. 女性
733.08　　　　　　　　　　　　　　　　　　110000674

ISBN-978-986-518-457-5

9 789865 184575

臺灣歷史與文化研究輯刊
十九編　第九冊　　　　　　　　ISBN：978-986-518-457-5

臺灣契約文書中典、賣妻之研究

作　　者　張芸涵
總 編 輯　杜潔祥
副總編輯　楊嘉樂
編　　輯　許郁翎、張雅淋　美術編輯　陳逸婷
出　　版　花木蘭文化事業有限公司
發 行 人　高小娟
聯絡地址　235　新北市中和區中安街七二號十三樓
　　　　　電話：02-2923-1455／傳真：02-2923-1452
網　　址　http://www.huamulan.tw 信箱 service@huamulans.com
印　　刷　普羅文化出版廣告事業
初　　版　2021 年 3 月
全書字數　134877 字
定　　價　十九編 23 冊（精裝）台幣 60,000 元　　　版權所有·請勿翻印

臺灣契約文書中典、賣妻之研究

張芸涵 著

作者簡介

　　原名張巧玲，後改張芸涵。府城古都人，自小喜好文藝。大學期間曾參與國中、小營隊活動，對教學萌生熱情，並立志成為教師，畢業同時考取日文一級證書及教師證。

　　初出茅廬時任教於首善之都臺北，參加教案及行動研究投稿屢屢獲獎，而後在工作之餘亦不忘進修，畢業於臺南大學中國文學研究所。現任教於中正國防幹部預備學校，同時兼任國中部主任乙職。

提　　要

　　婚姻自古以來具有螽斯衍慶的神聖使命，而成家是立業的根本，亦是窺探社會穩定與否的重要依據，正所謂「齊家、治國、平天下」。然而，綜觀歷史長河，除了正式婚姻之外，亦產生了「變例」婚姻。從史料中可知臺灣從清末以來，社會出現了典、賣妻的案例，而探究事件之成因，正是考究當代臺灣人所處的社會樣態，是個極具研究價值的課題。

　　形成典、賣妻的風俗，多數學者指向「貧窮」與「傳嗣」為主因。清代以來，臺灣雖位於重要地理位置，卻未曾受到重視。在政策上禁止攜眷來臺，直接導致人口性別失衡，此外傳統財婚習俗讓成婚難上加難，平頭百姓果腹尚且不足，遑論娶妻。縱使官府嚴令禁止變例婚姻，卻依舊擋不住人民的基本需求。

　　本文從臺灣早期的時空背景探討之餘，同時進行契書與日據法院判例的分析，其中發現婚嫁的聘金成了典、賣妻紛爭之根本，而相對於正式婚姻，典、賣妻的聘金亦被稱為「身價銀」。筆者試圖量化米價來對比身價銀，呈現貧困百姓捉襟見肘的生活費中，婚娶預算之占比多寡。

　　隨著臺灣光復後一步步邁向現代化：穩定的社會、健全的制度，典、賣妻已埋入歷史塵埃中，其過往的辛酸提醒著我們，人民的安居樂業與政府的作為密不可分。

謝　辭

經過兩年半的學習，迎來了畢業的這一刻，內心有壓抑不住的雀躍！口考時，陳益源老師細心的指導、精闢的解說；林登順老師仔細的提問、耐心的指正，使本論文降低失誤，提升程度，老師們的教導，學生定銘記於心。

遙記 105 年 3 月 13 來南大入學考試時，心情忐忑不安，要從眾多佼佼者中雀屏當選，心中著實沒把握。非常感謝當時的評委老師，給我改變命運的機會。

碩一時，非常榮幸能認識了汪中文老師，老師嚴謹的治學態度、耐心的諄諄教誨、廣博的學識涵養都讓學生受益良多、心嚮往之，非常感謝老師首肯，並細心指導論文寫作方針。從碩一下學期起，每週跟著老師與學姊討論論文、見賢思齊不斷尋找論文主題，以及思考資料的方向，老師以及學姊，皆是我的標竿。

就讀南大碩專班時，我也同時在準備考教甄。國語文學系的老師們：中文老師、登順老師、光明老師、玲婉老師、憲仁老師，在課堂時補充古籍資料、討論時事現況，讓學生可以自在地涵泳學海的世界，終於，在 107 年 6 月如願以償地考上了中正預校國文教師，老師們的指導，讓我如虎添翼，由衷地致上十二萬分的感謝。

從岡山國中通車到南大上課，這兩年間，辦公室同仁的關懷、父母的接送、姐妹的支援、憶雪的陪伴、沙先生的提點，都是我不可多得的貴人，是我的福氣。今日，論文終於完成，從中學習：資料的組織、邏輯的思辨、文句的梳通、資訊軟體的應用……諸多能力，皆是學校與老師，以及同學們給予的幫助及陪伴，永生難忘。

　　最後，我帶著滿滿的祝福，即將從南大啟程。曾經與同學們一起上課時的專注、下課時的胡鬧，同老師一起討論論文時的嚴肅、談天說地時的愉快，皆歷歷在目，形成我生命中的重要拼圖。感謝給予我這些珍貴回憶的所有人。

目次

表目次

圖目次

第一章 緒 論

　　〈禮記‧昏義篇〉以婚禮為禮之本，具有「合二姓之好，上以事宗廟，而下以繼後世」〔註1〕，婚姻自古以來即以繁衍後代為重要使命，家庭更是維繫社會國家的重要基礎。而婚姻制度更是社會文化的最佳體現。

　　一般學者將因特殊方式而成立的婚姻稱為「變例婚姻」，有別於正式婚娶「嫁娶婚」〔註2〕，變例婚姻或稱為「變象婚姻」〔註3〕、或「變態婚姻」〔註4〕、亦稱為「小娶」〔註5〕。

　　變例婚姻中的典、賣妻風俗，多發生在社會中下階層。其中，廣大的農民是支撐社會運行的重要基石，對農民而言，「農地」關乎家庭經濟，「妻子」關乎家族傳承。若遇災難連年、農作歉收、無以維生之際，農民寧可將農地「典當」出去以暫時果腹，而非將唯一的生財之地「賣斷」。家道貧寒的民眾無以維生，便以妻為貨，如同土地買賣一般，將其典、賣於他人，形成變例的「典、賣妻」婚姻。

〔註1〕　〔漢〕鄭玄注、〔唐〕孔穎達疏：《禮記注疏》，（臺北：藝文印書館，1981年），頁999。
〔註2〕　洪麗完：《臺灣社會生活文書專輯》，（臺北：中研院臺史所籌備處，2002年），頁303；廖風德，〈清代臺灣婚約中反映之婚制──清代臺灣農村制度之二──〉，（《政大歷史學報》，第5期1987年5月），頁74。
〔註3〕　莊金德：〈清代台灣的婚姻禮俗〉，《臺灣文獻》（1963年第十四卷第三期），頁48。
〔註4〕　林明義主編：《台灣冠婚葬忌家禮全書》，（臺北：武陵出版社，1989年），頁164：「招夫、招婿是一種變態的婚姻。」
〔註5〕　陳瑞隆：《台灣婚嫁禮俗》（臺南：世峰出版社，1998年），頁164。

　　婚姻既然是家庭、社會的基礎，婚姻類型亦是社會文化的縮影。台灣早期民間曾發生過的典、賣妻風俗，探究其成因之重要性不言可諭，值得吾等深入研究及深思。

第一節　研究動機與目的

　　「婚姻」是人倫之本，而「夫妻」為五倫之始。俗語云：「無婦不成家」，妻子於家庭中的重要性，不而言喻。阮玉如在《清代台灣婚姻禮俗研究》〔註6〕介紹了清代台灣的正式婚姻與變例婚姻。影響婚姻制度之因多元且複雜，變例婚姻之形成與衍生更是社會樣貌的縮影。

　　台灣與福建一衣帶水，清代初期民眾陸續移居來台，但官府嚴令禁止攜眷，形成台灣男女比例失衡且日益加劇。康熙三十三年（西元1694年）所編的《台灣府志》亦云：

　　　　然統臺郡三邑之民計之，共一萬六千餘丁，不及內地一小邑之戶口；
　　　　又男多女少，匹夫猝難得婦，生齒奚能日繁？〔註7〕

　　男多女少，民眾成婚困難，衍生出眾多社會問題。康熙五十六年（西元1717年）之《諸羅縣志》云：

　　　　男多於女，有邨庄數百人而無一眷口者。蓋內地各渡津，婦女之禁
　　　　既嚴，娶一婦動費百金，故庄客佃丁，稍有贏餘者復其邦族矣。或
　　　　無家可歸，乃此置室，大半皆再醮遺妾出婢也。〔註8〕

　　婚娶費用龐大，貧窮百姓只得另圖他法，進而產生變例婚姻──典、賣妻風俗。此風反映了台灣早期的社會現況，是相當具有價值的課題。

　　目前研究典、賣妻的學者，或從婚姻史的範疇，以「變例婚姻」的形式來討論；或以社會民俗史的角度，搜羅中國歷代以來典、賣妻的相關記載；或以法律角度，分析官府案件、契約婚書等進行婦女買賣研究。然學者研究範圍皆以中國為主，少有論及台灣。故本文的研究目的有四：

　　一、期望能從文獻資料中，梳理典、賣妻風俗之歷史成因與地理分佈。

〔註6〕阮玉如：《清代台灣婚姻禮俗研究》，國立臺南大學國語文學系碩士論文，2010年。

〔註7〕高拱乾纂修：《台灣府志》，（臺北：臺灣銀行經濟研究室，1960年），頁94～95。

〔註8〕周鍾瑄：《諸羅縣志》，（臺北：台灣銀行經濟研究室，1961年），頁292。

分析在清代時期的台灣形成典、賣妻變例婚姻背後因素。

　　二、整理清末以來臺灣的契約文書以及日據時期法院判例等文獻，並從中分析典、賣妻之主因，比較其他學者提出的研究結果，從而補足之前於民事習慣調查中遺漏了台灣的情形。

　　三、學者研究指出：中下階層百姓迫於生活壓力，無奈之餘只得將妻子典、賣。其問題矛頭皆指向「貧窮」。本文擬從生活費、米價方面，描繪台灣清代以來的底層民眾的成婚困境與庶民的生活樣貌。

　　四、希能從上述研究中探究風俗形成的原因，以對現今社會有所助益。

第二節　研究資料概述

　　研究「典、賣妻」變例婚姻的學者，大多從文獻記載、契約文書、法律等方面分析。從文獻中分析典妻、賣妻以及租妻等相異之處，再則從契書中探討典、賣的現況，最後以其所引發的相關爭端進行探究，以下茲就文獻及研究資料所載分類論述之：

一、史料方面

　　《中國婚姻史》中說明：典妻係指以價易去，約限贖回之謂。典之外，又有雇，乃計日受值，期滿聽歸之謂；或稱租妻，亦典之類也。凡此皆與買賣不同，非永離，乃暫時耳。〔註9〕故知「典妻」與「租妻」相同，是短暫的婚姻型態。

　　《中國民間文學大辭典》進一步說明：其特點表現為女方夫妻因經濟貧困，丈夫無力維持生計，只好將妻子按一定期限典當給別人……〔註10〕。而形成此種情形，以「家道貧窮」以及「生子傳代」為最大因素。如同《民事習慣調查報告錄》提及：在出典者，則目的在金錢，在受典者則目的有二：一、為自己未婚無力聘妻，則典他人妻作為暫時之計。二、因自己有妻無子，另典他人之妻，為生子延嗣計。〔註11〕

〔註9〕陳顧遠：《中國婚姻史》，（上海書店出版1984年5月第1版），頁110。

〔註10〕姜彬：《中國民間文學大辭典》，（上海市：上海文藝出版社，1992年），頁48。

〔註11〕前南京國民政府司法行政部民事習慣調查報告錄，北京：中國政法大學出版社，2000：1560第十五類典妻及租妻之習慣原文：至典妻之目的，在出典者，則目的在金錢，在受典者則目的有二：一、為自己未婚無力聘妻，則典他人妻作為暫時之計。二、因自己有妻無子，另典他人之妻，為生子

在婚姻史的範疇裡，多數視為「陋俗」、「變態的」婚姻形式，認為是女性地位低下的證據。如：祝瑞開《中國婚姻家庭史》〔註12〕、陳顧遠：《中國婚姻史》〔註13〕等等。此外，有提及買賣婚的相關資料並進行說明的則有陳鵬《中國婚姻史稿》〔註14〕、陶希聖《婚姻與家族》〔註15〕、蘇冰、魏林《中國婚姻史》〔註16〕、陳瑞隆《台灣婚嫁禮俗》〔註17〕皆有提及買賣婚的相關資料。

葉麗婭〈試論典妻風俗〉〔註18〕、《典妻史》〔註19〕蒐羅中國歷代以來典、賣妻的相關記載並附上佐證文獻。《典妻史》所述：古代的租典制度，竟擴大、影響、發展成為以人作物典妻婚，在性質上兩者幾乎同出一轍；〈近代典妻風俗的區域分布，兼評葉麗婭，《典妻史》〉所言：由於中國古代物權問題的複雜性，「典」和「買」之間有時很難劃出一條清晰的界線，因此在有關典妻的文獻資料中典妻和賣妻很容易糾纏在一起〔註20〕。同時，此文討論典、賣妻風俗的地理空間分佈，探求各區域風俗形成之因。此外徐海燕：〈略論中國古代典妻婚俗及其產生根源〉〔註21〕、張孟珠，主編劉祥光：《清代底層社會「一妻多夫」現象之研究》〔註22〕等，提供研究者可以追溯根源的資料。

《中國民事習慣大全》〔註23〕曾提及福建有稞妻、租妻風俗，爾後也出現在台灣地區。閩台文化相似，比較兩地風俗的文獻亦相當具有參考價值：武

延嗣計，或同期內而典二個以上之妻亦恒有之。是項習慣在上中等社會亦有行之者。

〔註12〕祝瑞開：《中國婚姻家庭史》，（上海：學林出版社，1999 年），頁 427～428。

〔註13〕陳顧遠：《中國婚姻史》，（臺北：臺灣商務印書館，1992 年）。

〔註14〕陳鵬：《中國婚姻史稿》，（北京：中華書局，1990 年），頁 537～549。

〔註15〕陶希聖：《婚姻與家族》，（台灣：臺灣商務印書館，1980 年）。

〔註16〕蘇冰、魏林：《中國婚姻史》，（臺北：文津出版社，1994 年）。

〔註17〕陳瑞隆：《台灣婚嫁禮俗》，（臺南：世峰出版社，1998 年）。

〔註18〕葉麗婭：〈試論典妻風俗〉，《民俗研究》（1989 年第 3 期），頁 59～60。

〔註19〕葉麗婭：《典妻史》（上海：文藝出版社，2000 年）。

〔註20〕徐建平：〈近代典妻風俗的區域分布，兼評葉麗婭，《典妻史》〉，（《九州學林》2013 年 04 月）。

〔註21〕徐海燕：〈略論中國古代典妻婚俗及其產生根源〉，（《瀋陽師範大學學報（社會科學版）》2005 年第 4 期）。

〔註22〕張孟珠，主編劉祥光：《清代底層社會「一妻多夫」現象之研究》，（臺北：國立政治大學歷史學系，2013 年初版）。

〔註23〕法政學社編：《中國民事習慣大全》，（廣益書局印行，1962 年），頁 136。

佔坤（主編）《中華風土諺志》〔註24〕、陳支平《500 年來福建的家族社會與文化》〔註25〕、方寶璋〈閩台民俗的歷史積澱與嬗變〉《閩台民間習俗》〔註26〕、陳盛韶，《問俗錄：福建‧台灣的民俗與社會》〔註27〕。

　　但依據《民事習慣調查報告錄》的風俗報告，其調查範圍仍不夠廣泛，其中並不包括：廣東、廣西、雲南、貴州、四川、台灣等省。〔註28〕清末民初的民事習慣調查雖不及於東南諸省，但並不表示這些省分沒有類似風俗。

　　關於清朝以來的臺灣社會背景，從諸多史料中也可一窺究竟：施琅《靖海記事‧盡陳所見疏》〔註29〕、高拱乾撰《臺灣府志》〔註30〕、陳文達撰《臺灣縣志》〔註31〕、蔣師轍，《臺游日記》〔註32〕，蔣毓英，《臺灣府志》〔註33〕。而莊金德〈清初嚴禁沿海人民偷渡來臺始末〉〔註34〕中說明——清廷頒布「渡海禁令」，尹章義〈清代台灣婦女社會地位〉對於人口比例的問題也提出了看

〔註24〕武佔坤（主編）：《中華風土諺志》，（北京：中國經濟出版社，1997 年），頁710～711。

〔註25〕陳支平：《500 年來福建的家族社會與文化》，（上海；三聯書局，1991 年），頁148～153

〔註26〕方寶璋：〈閩台民俗的歷史積澱與嬗變〉《閩台民間習俗》（福建：人民出版社出版，2003 年 7 月），頁 7。

〔註27〕陳盛韶：《問俗錄：福建‧台灣的民俗與社會》，卷二〈水溺〉，（臺北市：武陵，1991 年），頁 17。

〔註28〕有關清末習慣調查的淵源、詳細時間，以及該資料的價值與侷限，參見：胡旭晟，《20 世紀前期中國之民商事習慣調查及其意義（代序）》，收入：前南京國民政府司法行政部（編），胡旭晟（等點校），《民事習慣調查報告錄》1～17；梁治平，《清代習慣法：社會與國家》，北京市：中國政法大學出版社出版發行：新華經銷，1996 年，45～46；西英昭〈『民商事習慣調查報告錄』成立過程の再考察——基礎情報の整理と紹介〉，《中国——社会と文化》，16（2001）：274～292；俞江，〈清末《安徽省民事習慣調查錄》讀後〉，《法制史研究：中國法制史學會會刊》，3（臺北，2002）：275～288；眭鴻明，《清末民初民商事習慣調查之研究》（北京：法律出版社，2005）；春楊，〈民事習慣及其法律意義——以清末民初民商事習慣調查為中心〉，《法律文化研究》，2（北京，2006 年）：123～141。

〔註29〕施琅：《靖海記事‧盡陳所見疏》，（臺北：臺灣銀行經濟研究室，1958 年）。

〔註30〕高拱乾撰：《臺灣府志》，（臺北市：臺灣銀行經濟研究室，1960 年）。

〔註31〕陳文達撰：《臺灣縣志》，（臺北：臺灣銀行經濟研究室，1961 年）。

〔註32〕蔣師轍：《臺游日記》，（臺北市：臺灣銀行經濟研究室，民 46），頁 65。

〔註33〕蔣毓英：《臺灣府志》，（北京：中華書局，1985 年 5 月），頁 100～101。

〔註34〕莊金德：〈清初嚴禁沿海人民偷渡來臺始末〉，（《台灣文獻》第 3 期 1964 年第 15 卷），頁 2。

法〔註35〕，這使得明鄭以來男多女寡的社會情勢更為險峻，間接推動典、賣妻的產生，並使之情況加劇。

關於臺灣的婚姻禮俗統整敘述，阮玉如：《清代台灣婚姻禮俗研究》〔註36〕論文中除了說明臺灣婚俗習慣之後，對於變例婚姻也有略述。此外，傳統的財婚現象、經濟的窘迫（貧窮）與求子的需求……等，都是讓變例婚姻續存的原因。廖風德〈清代臺灣婚約中反映之婚制〉〔註37〕將契約婚書作系統式整理，莊金德〈清代台灣的婚姻禮俗〉〔註38〕皆提供詳細的資料。

日據時代的台灣，擔任總督府法院通譯的片崗巖，調查研究台灣的風俗，寫成《台灣風俗志》〔註39〕其中對於當時的台灣婚姻禮俗有專文論述。同時，留台的日人將其見聞紀錄成書，內容亦提及臺灣的婚姻風俗，如：佐倉孫三《臺風雜記》〔註40〕、山根勇藏：《台灣民族性百談》〔註41〕、《台灣民俗風物雜記》〔註42〕、《台灣社會事業史》〔註43〕、《臺灣農民的生活節俗》〔註44〕等，近代有臺灣學者將部分翻譯成中文，可參酌比較。

此外，臺灣文學作品與俚諺俗語，亦記載典、賣妻的相關資訊：陳惠齡〈女人的船屋與男人的牛車——探析沈從文（丈夫）和呂赫若（牛車）二文中「典妻賣淫」訊息及訊息言說的方式〉〔註45〕中可看出將女性作為交易物品所反映出的是社會的多重壓迫。無獨有偶，蔡玫姿〈典妻、共妻、賣妻

〔註35〕尹章義：〈清代台灣婦女社會地位〉，（《歷史月刊》26 期 1990 年 3 月）。

〔註36〕阮玉如：《清代台灣婚姻禮俗研究》，國立臺南大學國語文學系碩士論文，2010 年。

〔註37〕廖風德：〈清代臺灣婚約中反映之婚制——清代臺灣農村制度之二——〉，（《政大歷史學報》第 5 期 1987 年），頁 57～95。

〔註38〕莊金德：〈清代台灣的婚姻禮俗〉，（《臺灣文獻》1 第三期 963 年第十四卷），頁 28～31。

〔註39〕〔日〕片岡巖，陳金田譯：《臺灣風俗誌》，（臺北：眾文圖書有限公司，1994 年 5 月二版三刷）。

〔註40〕〔日〕佐倉孫三：《臺風雜記》，（臺北：臺灣銀行經濟研究室，1961 年）。

〔註41〕〔日〕山根勇藏：《台灣民族性百談》，（臺北：南天書局，1995 年）。

〔註42〕〔日〕山根勇藏：《台灣民俗風物雜記》，（武陵出版社，1989 年 5 月）。

〔註43〕〔日〕杵淵義房：《台灣社会事業史》，（德友會出版，1940 年 4 月）。

〔註44〕〔日〕梶原通好著、李文祺譯：《臺灣農民的生活節俗》，（臺北，臺原出版社，1998 年一版五刷），頁 96～99。

〔註45〕陳惠齡：〈女人的船屋與男人的牛車——探析沈從文（丈夫）和呂赫若（牛車）二文中「典妻賣淫」訊息及訊息言說的方式〉，（臺灣文學學報 20 期 2012 年 06 月），頁 47～74。

小說中的風俗文化與性別主體發聲〉〔註46〕認為現代小說中出現的典、賣妻現狀，是作者為社會底層百姓發聲之作。陳主顯《台灣俗諺語典‧卷五婚姻家庭》〔註47〕所錄諺語更是民眾生活寫實的描寫。江寶釵《臺灣古典詩面面觀》〔註48〕、曾秋美《台灣媳婦仔的生活世界》〔註49〕，對於婦女的苦痛歷史表示關切。

　　臺灣光復之後，由臺灣省文獻委員會著手翻譯及整理臺灣相關文獻，將日據時代調查的風土民情資料翻譯及重新發行中譯本：《臺灣慣習記事（中譯本）》〔註50〕等書，以及林川夫編《民俗台灣》〔註51〕等，皆有紀錄臺灣舊慣婚俗方式。在官方刑科案件之外，民間契字亦彌足珍貴。

二、契書方面

　　仁井田陞〈明清時代の人売及人質文書の研究〉〔註52〕認為典、賣妻的主因：（一）貧窮（二）缺乏子嗣。而且此種人口買賣現象集中在江蘇、浙江、安徽、福建。這與徐建平〈近代典妻風俗的區域分布，兼評葉麗婭，《典妻史》〉〔註53〕相互參考後，發現其調查結果不謀而合。另外，雖然仁井田陞也列舉大量契約文書，討論了法律規範與婦女買賣實態。但是無法得知州縣官的態度。

　　岸本美緒著，李季樺譯〈妻可賣否？──明清時代的賣妻、典妻習俗〉〔註54〕，以明清時期的判牘彙編為主體探討典、賣妻妾所滋生的糾紛案件。

〔註46〕王三慶，陳益源主編：《2007東亞漢文學與民俗文化國際學術研討會論文集》〈蔡玫姿：典妻、共妻、賣妻小說中的風俗文化與性別主體發聲〉，（臺北市：樂學，2007年），頁257～289。

〔註47〕陳主顯：《台灣俗諺語典‧卷五婚姻家庭》，（台北：前衛出版社，2000年）。

〔註48〕江寶釵：《臺灣古典詩面面觀》，（巨流圖書有限公司，2002年3月初版二刷），頁184。

〔註49〕曾秋美《台灣媳婦仔的生活世界》，（臺北：玉山社，1998年）。

〔註50〕〔日〕臺灣慣習研究會原著、臺灣省文獻委員會編譯：《臺灣慣習記事（中譯本）第貳卷下第十二號》，（臺灣省政府印刷廠，1997年再版）。

〔註51〕林川夫編：《民俗台灣（第二輯）》，（臺北：武陵出版社，1990年2月初版），頁36。

〔註52〕仁井田陞，〈明清時代の人売及人質文書の研究〉，《史學雜誌》，46：4（東京，1935），頁69～98、46：5，頁48～100、《史學雜誌》，46：6，頁58～86

〔註53〕徐建平：〈近代典妻風俗的區域分布，兼評葉麗婭，《典妻史》〉，（《九州學林》2013年04月）。

〔註54〕〔日〕岸本美緒著，李季樺譯：〈妻可賣否？──明清時代的賣妻、典妻習俗

研究指出，地方官與其說是關心適法性，其實更著力於壓制典、賣妻交易而挑起爭端。面對頻繁發生的典、賣糾紛，府、縣層級通常會考慮當事人的感情與經濟情況，而此一結果與律令背道而馳，幾乎所有的案件，都允許被賣的妻與後夫完聚。

　　楊國楨《明清土地契約文書研究》〔註55〕與岸本美緒，《明清時代における「找価回贖」問題》〔註56〕都是從土地的契約文書中的「典賣」、「活賣」、「絕賣」情形當中發現與典、賣妻的契書有異曲同工之處。進一步，岸本美緒在《明清時代的「找價回贖」問題》表示：找價回贖糾紛的難以解決，其原因就在於「絕賣」與「活賣」的界線模糊不清。〔註57〕「找價」原是清代民間做法以及話語系統中，有關土地典賣的一種交易概念。而女性的典與賣之間模糊不清，亦導致典妻與賣妻之間的關係很難區分清楚。《法典、習俗與司法實踐：清代與民國的比較》從土地的概念觀之，農民將唯一的經濟來源「土地」典當出去，冀望日後有「機會」再贖回，再次擁有能維生的依靠，使「典」習俗帶有某種道德上「濟弱」的思考。〔註58〕

　　黃宗智《法典、習俗與司法實踐：清代與民國的比較》：無論是妻子抑或土地，人們多少都投射著嗣續綿延、壯大家族的指望。「土地」與「妻子」

　　　　——〉，收錄在陳秋坤、洪麗完主編，《契約文書與社會生活：台灣與華南社會（1600～1900）研討會論文集》，（台北：中央研究院台灣史研究所籌備處，2001）。原發表為〔日〕岸本美緒：〈妻を売ってはいけないか？明清時代の売妻・典妻慣行〉，《中国史学》，東京，1998年第8期。頁225～263。

〔註55〕楊國楨：《明清土地契約文書研究》，（北京：北京人民出版社，1988年），頁274～275。

〔註56〕〔日〕岸本美緒，《明清時代における「找価回贖」問題》，《中國——社會と文化》，（1997年12月），頁263。（中譯本：岸本美緒〔著〕、鄭民欽〔譯〕。〈明清時代的「找價回贖」問題〉，收入：楊一凡、寺田浩明〔主編〕，《中國法制史考證，丙編第四卷》日本學者考證中國法制史重要成果選譯・明清卷〔北京：中國社會科學出版社，2003年），頁423。出典產業既以將來贖回為前提，則典價通常低於一次賣斷（絕賣）的價格。當時限一到，如果賣主不欲或無力贖回，而想將原典出的物件賣斷時，便產生原典價與絕賣價格之間差價的補足問題。

〔註57〕〔日〕岸本美緒：《明清時代的「找價回贖」問題》，日本學者考證中國法制史重要成果編譯，明清卷，2003年），頁424。

〔註58〕參考黃宗智：《法典、習俗與司法實踐：清代與民國的比較》，（上海：上海書店出版：上海世紀出版集團發行：新華經銷，2007年），頁83；費孝通著；戴可景譯：《江村經濟，又名，中國農民的生活》（香港：中華，1987年10月出版），頁158～165。

具有類似的隱喻關係，均牽涉一個男人的榮譽、地位，以及他家庭的存續〔註59〕。

　　知名研究學者汪毅夫，研究豐碩：〈閩台婦女史研究三題〉〔註60〕討論了失衡的性別人口比例以及溺嬰之間的關連、〈「典賣其妻」的證言證物〉〔註61〕提及典妻所得不足以購買一石白米，提供筆者探究身價銀的研究方向，而《閩臺婦女史研究》〔註62〕提供了閩台兩地典賣妻的相關證據。而關於契書中身價銀的進一步探究，可從陳哲三〈臺灣清代契約文書中的銀幣及其相關問題〉，分析臺灣清末日據初契書中混亂的貨幣種類與單位。

　　近代學者張孟珠《清代庶民社會「一妻多夫」現象之研究》〔註63〕、《清代貞節的實踐及其困境》〔註64〕、〈婚姻與買賣之間：清代社會典、賣妻等相關風俗初探〉〔註65〕深入討論不同社會階層對於婦女買賣在態度上的差異，以及婦女買賣盛行的背後原因。回應岸本美緒所提問的典妻、賣妻之所以被視為不道德行為的原因為何？下層社會的婦女卻無法因此顧及生活，最後必須屈從於現實而放棄貞節的維持。與陳瑛珣：《明清契約文書中的婦女經濟活動》〔註66〕則是分析在契約中女性多半是被動接受命運的安排，如出一轍。

　　契約文書專書首推洪麗完的《臺灣社會生活文書專輯》〔註67〕，此外，

〔註59〕 土地與男人尊嚴、榮譽之間的關係，詳見：黃宗智：《法典、習俗與司法實踐：清代與民國的比較》，（上海：上海書店出版：上海世紀出版集團發行：新華經銷，2007年），頁76。

〔註60〕 汪毅夫：〈閩台婦女史研究三題〉，（漳州師範學院學報・哲學社會科學版24卷3期，2010年09月），頁102～105。

〔註61〕 汪毅夫：〈「典賣其妻」的證言證物〉，臺灣中評網：http://www.crntt.tw/doc/1051/4/3/8/105143848.html？coluid=7&kindid=0&docid=105143848。查詢日期：2019年1月12日。

〔註62〕 汪毅夫：《閩臺婦女史研究》，（福州市：海風出版社，2011年）。

〔註63〕 張孟珠：《清代庶民社會「一妻多夫」現象之研究》，國立政治大學歷史研究所博士論文，2010年。

〔註64〕 張孟珠：《清代貞節的實踐及其困境》，國立中正大學歷史研究所碩士論，2001年。

〔註65〕 張孟珠：〈婚姻與買賣之間：清代社會典、賣妻等相關風俗初探〉，收於黃寬重主編，《基調與變奏：七至二十世紀的中國》，（臺北：國立政治大學歷史學系等出版，2008年），冊1，頁325至頁355。

〔註66〕 陳瑛珣：《明清契約文書中的婦女經濟活動》，（臺北：台明文化事業有限公司，2006年一版一刷）。

〔註67〕 洪麗完：《臺灣社會生活文書專輯》，（臺北：中研院臺史所籌備處，2002年），

傳統大家族陸續發現典藏的契書而整理成冊，有林正慧、曾品滄主編：《李景暘藏臺灣古文書》〔註68〕、馮明珠、李天鳴主編，《臺中東勢詹家清水黃家古文書集》〔註69〕等，一紙契約，表露出近百年來庶民生活情貌。

日據時，政府為了能實際統治台灣，以官方的力量成立了「臨時台灣舊慣調查會」，徹底蒐集及調查台灣的各種舊慣以及習俗，以作為台灣總督府作為統治的參考。而殖民者旋即對台實施民情風俗考察，編纂而成的參考資料中，驚見嫁賣髮妻、招夫養夫的記載與相關契式等，皆詳列在冊。宣統二年（1910年）刊行的臺灣總督府‧臨時臺灣舊慣調查會，臺灣省文獻委員會編，陳金田譯：《臺灣私法第一卷》〔註70〕、《臺灣私法第二卷》〔註71〕、《臺灣私法附錄參考書第一卷》〔註72〕、《臺灣私法附錄參考書》〔註73〕、杵淵義房《台湾社会事業史》〔註74〕等書，舉列當時所蒐集的各式契約婚書，形制完備。

三、法律方面

岸本美緒〔註75〕〈妻可賣否？——明清時代的賣妻、典妻習俗——〉指

頁472。

〔註68〕 林正慧、曾品滄主編：《李景暘藏臺灣古文書》，（臺北：國史館，2008年5月初版），頁303。

〔註69〕 馮明珠、李天鳴主編：《臺中東勢詹家　清水黃家古文書集》，（臺北：國立故宮博物院，2008年初版一刷）。

〔註70〕 臺灣總督府‧臨時臺灣舊慣調查會，臺灣省文獻委員會編，陳金田譯：《臨時臺灣舊慣調查會第一部調查第三回報告書：臺灣私法第一卷》，（台中市：臺灣省文獻委員，1990年）。

〔註71〕 臺灣總督府‧臨時臺灣舊慣調查會，臺灣省文獻委員會編，陳金田譯：《臨時臺灣舊慣調查會第一部調查第三回報告書：臺灣私法第二卷》，（南投市：臺灣省文獻委員，1993年）。

〔註72〕 臺灣總督府‧臨時臺灣舊慣調查會，臺灣省文獻委員會編，陳金田譯：《臨時臺灣舊慣調查會第一部調查第三回報告書：台灣私法附錄參考書第一卷中》，（臺北：南天書局有限公司，1911年）。

〔註73〕 臺灣總督府‧臨時臺灣舊慣調查會，臺灣省文獻委員會編，陳金田譯：《臨時臺灣舊慣調查會第一部調查第三回報告書：台灣私法附錄參考書第二卷上》，（臺北：南天書局有限公司，1995年2刷）。

〔註74〕 〔日〕杵淵義房《台湾社会事業史》，（德友會出版，1940年4月）。

〔註75〕 〔日〕岸本美緒著，李季樺譯，〈妻可賣否？——明清時代的賣妻、典妻習俗——〉，收錄在陳秋坤、洪麗完主編，《契約文書與社會生活：台灣與華南社會（1600～1900）研討會論文集》（台北：中央研究院台灣史研究所籌備處，2001）。原發表為〔日〕岸本美緒，〈妻を売ってはいけないか？明清時

出：法條與官府審判結果對比發現：地方官與其說是關心適法性，其實更著力於壓制想藉典、賣妻交易而挑起爭端。幾乎所有的案件，都允許被賣的妻與後夫完聚。因此可以說是補充了仁井田陞〈明清時代の人売及人質文書の研究〉〔註 76〕所缺乏的州縣官在審判時的態度的證明。岸本同時表示貧窮以及缺乏子嗣等，皆是導致典、賣妻風俗無法根除之主因。

岸本美緒，《明清時代における「找価回贖」問題》說明此種變例婚姻，造成了本夫、妻子、典主（買夫）之間錯綜複雜的關係，有些是透過「找價」的方式不斷威脅典主（買夫）再捨銀財。依據岸本美緒所下的定義，「找價」意謂「對已經賣出的物件，賣主向買主提出價格補差的要求。」〔註 77〕。進而讓典、賣妻的糾紛對簿公堂。

從蘇成捷（Matthew H・Sommer）著，林文凱譯〈清代縣衙的賣妻案件審判：以 272 件巴縣、南部與寶坻縣案子為例證〉〔註 78〕研究大量的清代縣級檔案，針對賣妻原因、訴訟原因，以及州縣官的態度進行補充與加強。指出因典、賣妻問題而鬧到公堂之上的，比例最多的是「找價」問題，佔了41%。而其內容大致上是討論審理的情況，非風俗形成之因。

吳景傑《明代判牘中的婦女買賣現象》〔註 79〕一篇論文則是針對明代判

代の売妻・典妻慣行〉，《中国史学》，東京，1998 年第 8 期。頁 225～264。

〔註 76〕仁井田陞，〈明清時代の人売及人質文書の研究〉，《史学雑誌》，46：4（東京，1935），頁 69～98、46：5，頁 48～100、《史学雑誌》，46：6，頁 58～86

〔註 77〕〔日〕岸本美緒，《明清時代における「找価回贖」問題》，《中国——社會と文化》（1997 年 12 月），頁 263。（中譯本：岸本美緒〔著〕、鄭民欽〔譯〕。（明清時代的「找價回贖」問題），收入：楊一凡、寺田浩明〔主編〕，《中國法制史考證，丙編第四卷》日本學者考證中國法制史重要成果選譯・明清卷，（北京：中國社會科學出版社，2003 年），頁 423。出典產業既以將來贖回為前提，則典價通常低於一次賣斷（絕賣）的價格。當時限一到，如果賣主不欲或無力贖回，而想將原典出的物件賣斷時，便產生原典價與絕賣價格之間差價的補足問題。

〔註 78〕〔美〕Matthew H・Sommer, The Adjudication of Wife-Selling in Qing County Courts: 220 Cases from Ba, Nanbu, and Baodi Counties（由巴縣、南部縣與寶坻縣 220 件案例檢視清代法庭對嫁賣妻子罪刑的審理），宣讀於 2005 年 10 月 13日至 15 日「明清司法運作中的權力與文化」學術研討會，後翻譯為〔美〕蘇成捷（Matthew H・Sommer）著，林文凱譯：〈清代縣衙的賣妻案件審判：以272 件巴縣、南部與寶坻縣案子為例證〉，收於邱澎生，陳熙遠編：《明清法律運作中的權力與文化》，（臺北：中央研究院、聯經出版，2009 年）。

〔註 79〕吳景傑：《明代判牘中的婦女買賣現象》，國立暨南國際大學歷史學系碩士論文，2009 年。

牘，進一步探討法律規範，買賣發生之因，試圖回應蘇成捷提出的疑問：「賣主的貧困值得寬容嗎？」，其研究結果是指出：犯人因為生活無計著實令人同情。此外，岸本美緒：認為州縣官的態度「與其說是依據所定之法來判定可否，不如說是在對弱者的關照和對惡者的懲罰兩極之間，探尋避免紛爭最適當的點」。審判者其最終的目標都是希望能平息糾紛，並且盡可能地壓抑婦女買賣風氣的擴散。於情而言，犯人因為生活無計，這樣的行為使人不禁予以同情。

王躍生擷取乾隆 46 至 56 年（西元 1781～1791 年）間 2,000 餘件相關案例為主體，討論 18 世紀中國的婚姻與家庭。針對婦女的買賣性再婚發現，已婚婦女被賣嫁給未婚男性的比例偏高，占 60.71%。此正反映買妻的初婚男性在正常婚姻中處於不利地位，賣妻交易其實是短缺婚姻資源的一種再分配。〔註 80〕

而陳依婷《臺灣離婚制度在公、私領域的出現與受容——日治時期離婚判決書之研究》〔註 81〕的論文，是從「日治法院檔案資料庫」〔註 82〕中討論離婚鬧上法院的原因，其中不乏由女性主動控告的案例，原本默默無語的婦女，主動走向了歷史的舞台，為爭取自己的改變命運的權利。而日治法院檔案資料庫可以一窺日據時代人民的生活樣貌，值得參考。

日據時期的《臺法月報》〔註 83〕、《覆審‧高等法院判例》〔註 84〕、《民法對照臺灣人事公業慣習研究（附關係高等法院判例）》〔註 85〕等法院資料，記載典、賣妻的法律糾紛，政府雖然同時採用成文法與台灣舊慣習俗一同判

〔註 80〕 王躍生：《十八世紀中國婚姻家庭——建立在 1781～1791 年個案基礎上的分析》，（北京：法律出版社，2000 年），頁 103～111。

〔註 81〕 陳依婷：《臺灣離婚制度在公、私領域的出現與受容——日治時期離婚判決書之研究》，國立成功大學台灣文學系學位論文，2016 年。

〔註 82〕 http://tccra.lib.ntu.edu.tw/tccra_develop/

〔註 83〕 （創刊於 1905 年），為當時台灣總督府高等法院所出版之官方刊物，旨在介紹台灣法令及判決為主，並提供日治時期法曹（判官、檢察官、辯護士）共同研究交流之機會。參見《發行ノ趣旨》，《臺法月報》第 1 卷（1905 年 6 月）、頁 1～2。

〔註 84〕 臺灣總督府覆審，高等法院編纂，小森惠編：《覆審‧高等法院判例》〈1，自明治二九年至大正九年〉，（東京都：文生書院，1995 年）。

〔註 85〕 臺灣總督官房法務課員編纂：《民法對照臺灣人事公業慣習研究（附關係高等法院判例）》〈臺灣二於ケル親族相續二關スル判例要旨——婚姻〉，〔出版地不詳〕〔出版者不詳〕，昭和（6）年（1931 年），頁 163。

案，但其結果多為婦女勝訴，對於風俗的改善有推波助瀾之效。

　　王泰升教授的《去法院相告：日治台灣司法正義觀的轉型》中提出，特別重視《臺灣總督府檔案》等政府內部文書，及當時具官方色彩的報紙或期刊，如《臺灣日日新報》、《臺法月報》、以及屬私人文書的日記等史料。而《臺灣日日新報》〔註86〕創刊於西元 1898 年，是日本統治臺灣時，發行量最大、延續時間最長的報紙〔註87〕，國學大師章炳麟（太炎）、史學家連橫、尾崎秀真等皆曾任職於該報社。

　　《臺灣日日新報》為總督府當局所促成，具有半官方身分的媒體。該報向以「模範的殖民地報紙」自許，因其為政府出版品的委託印刷，是報社的重要財源。且報紙出刊之前，須先送相關機關審核，無形中都對報社的言論有相對的箝制作用。且其發行時間，幾乎與日治時期的半個世紀相始終。了解日本時代總督府施政及臺灣的社會變遷情形，著實不可或缺。

第三節　研究範圍與方法

　　本文以「契約文書中典、賣妻之研究」為題，主要探討清末以來，臺灣之典、賣妻之成因與演變。擬兼採博觀、細覽的方式研讀，在文本中涵詠、切問，穩固基礎。同時閱讀歷代解說和研究專著，作為旁徵博引之據：先精讀原典再看相關研究資料，再來是蒐集和飲食課題相關的參考文獻。透過分析、歸納、比較、整理等工夫，並運用人文學科的研究法和研究成果，讓研究面向更趨多元化。

一、研究範圍

　　清初台灣移墾的居民以福建移民居多，故採用福建相關典、賣妻資料為對照，追溯台灣婚俗之起源。此外，依據阮玉如《清代台灣婚姻禮俗研究》研究，台灣變例婚姻種類過多，礙於研究者的能力，故本文「契約文書中典、賣妻之研究」以採用岸本美緒的說法：「係指夫以獲得一定金額為代價，承認妻子在數年間或是永久地，成為他人之妻妾，對其他男性從事以性交和生產為

〔註86〕參見李承機，〈植民地新聞としての《台湾日日新報》論：「御用性」と「資本主義性」のはざま〉，（《植民地文化研究》第 2 期 2003 年 7 月），頁 169～181。

〔註87〕網址：http://cdnete.lib.ncku.edu.tw/twhannews/user/intro.htm#1 漢文臺灣日日新報全文電子版，《漢文臺灣日日新報》資料庫緣起。查詢日期：107 年 12 月 28 日。

主的工作契約行為」，為主要論述範圍，探討近代台灣女性的地位及意識的轉變，兼採法院判例印證之。

筆者收集的契約文書資料範圍從清末（道光元年）到民初（民國三十三年）。清代台灣有關契書的資料及研究相當有限，受限於資料的時代性，本文的研究論述重心以清末至日據時代為研究範圍。

本論文除了從文獻及相關書籍整理台灣的典、賣妻契書之外，同時比較福建相關的記載及契書並研讀後人與台灣相關的風俗、法規、聘儀等研究，加以整理、分析、比較、歸納。

二、研究方法

本論文從台灣文獻、契約文書、法院判例等相關資料整理台灣典、賣妻情形，加以整理、分析，研究方法可以分為：

（一）比較法

本文蒐集契約文書與風俗文獻並參酌現代著述加以整理出台灣的特殊婚姻之背景與成因。

梳理典、妻的歷史脈絡與文獻紀錄：先秦時期社會動亂、戰爭不斷，民眾為了求生而嫁妻賣子。唐宋之後雖有律法嚴令，刑罰嚴峻，但此風俗卻乘著貧窮的方舟，持續流向下個時代。明清時期最為惡化，官府加強律例的規範，提高律法的刑責，但此風俗仍舊屢屢出現於最貼近庶民生活的小說之中、畫報之上。可知歷朝歷代再細密的法網，依舊網不住民眾的基本需求：金錢與傳嗣。接著，將從地理空間分析可知，閩南福建地區有典、賣妻風俗，當時從閩南地區移居台灣的羅漢腳眾多，男女人口比例懸殊，進一步惡化婚姻問題，間接造成「典、賣妻風俗」在台生根。

再則，從契約文書分析典、賣妻的原因進行分類與比較，其中內文記載「夫妻不和」的案例最多，分析之後發現：（1）以夫妻不合掩蓋貧窮的事實（2）契書為是男性書寫，其內容真實性存疑。但可推知夫權高漲，婦女無法擺脫而被迫流轉於各家庭之中。

從日據時代的法院判例中，比較其審查結果，推估官方對於此風俗的立場與作法。最容易因為糾紛而告官的主因——「聘金」，中下階層的百姓將其視為「身價銀」，因此男方自然將婦女與聘金緊緊捆綁在一起。當雙方不欲和合之際，丈夫便透過轉賣婦女以拿回金錢，而形成糾紛。日據法庭中發現婦

女主動告官的案件：審查後若屬實，婦女可以回歸本家，獲得新生，且不須償還聘金，法庭上的所有費用由丈夫支付。此點，大大推進了女子的自主權，為現在女權奠定了基礎，而對於典、賣雙方男性，則形成人財兩失的局面。

最後以聘金與米價相較，凸顯中下階層的民眾成婚的困難度。性別比例失衡下，女子身價水漲船高，形成的財婚現象，讓貧困的中下階層百姓不只無力成婚，連生活溫飽都成問題。生計費與米價的比較，讓我們更清楚民眾奔命於生存之中，若要延續血脈，典、賣妻成為一個不得不的選擇。

（二）歸納法

經由上述的分析比較，歸納出典、賣妻風俗的幾項重要特徵：

歷史中形成此風俗的原因，與主政者有密切關係：賦稅高低、政權轉移、貪官剝削等，造成民眾食不果腹，求生無門之下，賣妻鬻子的情況不斷上演，導致風俗無法隨著朝代一同消失。

台灣先祖，部分來自於閩南地區，文化亦有相通之處。清初的禁止攜眷政策，造成人口性別比例過大，導致變例婚姻叢生，衍生出了「典、賣妻」婚姻。直到光復後，台灣的男女比例才趨於正常，其中耗費了 260 年。

以目前台灣所留存的契約文書，勾勒中下階層婚姻的現況，從記載內容整理出典、賣妻之因。同時亦透過文獻資料來彌補舊慣婚俗之不足。契書中呈現的典、賣妻原因，歸納出三大主因——貧窮、求子以及夫妻不和。貧賤夫妻百事哀，同時也是形成夫妻不和因素之一，推估「貧窮」是主要根源。再加上，筆者所收集的契書，其時空背景正好也是政權轉移的時代——清末到日據。民眾的普遍貧窮，變例婚姻亂象叢生，反映出當時社會的巨大動盪。

臺灣總督府覆審高等法院判例及「日治法院判例」中，與賣妻相關的案件，可以推知官方對於典、賣妻的態度。根據筆者收集到的資料中顯示：由婦女主動提出控訴，並且成功贏得勝訴的比例極高。

典、賣妻的風俗之所以出現於清末至日據時期，對比生活費與米價之後，筆者計算出「一人一年份的白米價格」與「典、賣妻的身價銀」，兩者相較後，平均而言典、賣妻之身價銀是一人一年份白米價格的 4.59 倍。推知，縱使民眾轉向而選擇變例婚姻，身價銀對其而言亦是一筆不小的負擔。

第二章 典、賣妻之時空背景

　　李學勤、徐吉軍在《典妻史》中提及：社會民俗是人類社會普遍存在而又非常獨特的一種文化現象，他是一種悠久的歷史文化傳承，是民間社會一種相沿成習的信仰、傳說、行為及風俗。他像一面鏡子，反映了個時代的社會風貌。〔註1〕典、賣妻風俗的形成，背後所反映的社會樣貌、歷史脈絡都值得吾人深思。依據前人的研究，「貧窮」使下層社會的民眾不但無法擁有正常的婚姻，娶妻也甚為困難，饑荒流年時甚至到「賣妻鬻子」的地步，進而衍生出「變例」婚姻。

第一節　探根究源

　　變例婚姻的形成非一朝一夕，而是在歷史中不斷翻滾、不停壯大，依據《典妻史》一文引述，典、賣妻從漢代前即有記錄，當時「戰爭動亂」、「民不聊生」是直接導致此現象產生的主要原因，以下略析其風俗的形成脈絡。

一、歷史追溯

　　典、賣妻在歷史中的興衰，其軌跡梳理如下：（一）漢代以前的嫁妻、賣妻是典妻婚的孕育期，南北朝時的質妻乃典妻婚的萌芽期，（二）唐朝的雇妻習俗為典妻婚的形成期，到了宋代發展成典妻婚俗的成熟期，（三）元朝為典、賣妻婚俗的立行期，（四）明朝為典妻婚俗盛行期，而清朝為惡性

〔註1〕葉麗婭：《典妻史》，（上海：文藝出版社，2000年），頁1。

發展期〔註2〕，最後民國為由盛而衰的沒落期，而時至今日已消失於歷史狂浪之中。

（一）孕育於先秦，萌芽於南北朝

先秦時期動盪，各國爭霸、群雄並起，戰爭連年，生活最底層的百姓，不單是財物的損失，甚至導致家破人亡。

《戰國策‧齊策三》：象床之直千金，傷此若發漂，賣妻子不足償之〔註3〕；韓非子《韓非子》六反篇曰：今家人……相憐以衣食，相惠以佚樂，天饑歲荒，嫁妻賣子者，必是家也。〔註4〕當局勢動盪、國事飄搖，百姓在身家不保之際，便有賣妻、嫁妻之舉。到了漢代，已經成為社會問題。

漢時，因外事四夷，內崇奢靡，國家開支浩大，稅餉與日俱增，並全部轉嫁到百姓頭上。當時天饑歲荒，於農村之中，地主階級者大量佔有土地，剝削以及奴役勞動人民，廣大農民掙扎于死亡線上。〔註5〕農民是支撐起國家的重要基礎，若百姓食不果腹、居無定所，對於朝廷定有重大的影響。在漢元帝初元元年（西元前48年），賈捐便直指核心的說：「人情莫親父母，莫樂夫婦，至嫁妻賣子，法不能禁，義不能止，此社稷之憂也。」〔註6〕天倫親情理當血濃於水，當無以為家的民眾只能出此下策時，代表朝廷也搖搖欲墜了。由此推知，典、賣妻情形與社會動亂的有著密不可分的關係。

朝廷也試著力挽狂瀾，東漢建武二年五月光武帝頒詔：「民有嫁妻賣子欲歸父母者，恣聽之，敢拘執，論如律。〔註7〕」企圖從官方的立場，遏止此一風俗之擴張。西漢初年擔憂此風俗蔓延，到東漢實施法律規範禁止，代表在時代的洪流之中，典、賣妻風俗並未被沖散，甚至有越來越擴張的傾向。

南北朝時，中原戰爭頻繁，國家役繁稅重，人們被迫質賣妻子，尚不敷

〔註2〕徐海燕：《略論中國古代典妻婚俗及其產生根源》，（《瀋陽師範大學學報（社會科學版）》第4期2005年），頁77～81。

〔註3〕〔西漢〕劉向：《戰國策》上〈孟嘗君出行國至楚〉，（臺北：里仁書局，1982年），頁385。

〔註4〕〔戰國〕陳奇猷：《韓非子集釋》〈卷第十八六反〉，（臺北：漢京文化事業有限公司，1983年），頁950。

〔註5〕葉麗婭：《典妻史》，（上海：文藝出版社，2000年），頁7～8。

〔註6〕〔東漢〕班固：《新校漢書集注》第四冊，〈嚴朱吾丘主父徐嚴終王賈傳第三十四下〉，（臺北：世界書局，1973年），頁2833。

〔註7〕〔東漢〕范曄《中國學術類編新校本後漢書并附編十三種》〈後漢書卷一上〉，（臺北：鼎文書局，1987年），頁30。

納賦稅——建元初，狡勇遊魂，軍用殷廣，浙江五郡，丁稅一千，乃有質賣妻兒，以充此限，道路愁窮，不可聞見〔註8〕。至此可以看出，無論哪一個朝代，百姓面臨戰爭、賦稅重，無奈之餘只得將妻子典賣出去，作為最後求生的一根稻草。間接反映出女性的社會地位低下，形成了「以妻為貨」的物化情形。

此處所言：「質賣妻兒」，已經不同於最初的「賣妻」，而是出現了「典妻」的雛形。從戰國的「嫁妻賣子」到南北朝的「質賣妻兒」，這「嫁」字到「質」字的變化，雖是一字之差，但其性質已大不相同。

（二）發展於唐宋

歷經幾個朝代的遏止，典、賣妻之風，並未熄滅於歷史野火之中，而是在唐代，春風吹又生。唐代民間仍有賣妻賣妾之俗，將把自己明媒正娶的妻子或者所娶之妾，賣給人家為妻妾之舉，時有耳聞。故朝廷加強規定與懲罰：

1. 《唐律·戶律和娶人妻條》規定：

諸和娶人妻及嫁之者，各徒二年，妾減二等，各離之。即夫自嫁者亦同，仍兩離之。

〈疏議曰〉：和娶人妻及嫁之者，各徒二年。若和嫁娶妾，減二等，徒一年。各離之，謂妻妾俱離。即夫自嫁者亦同，謂同嫁妻妾之罪。

二夫各離，故云兩離之。〔註9〕

相對於之前的律令，唐律規範的更加明確以及嚴格：和娶他人之妻、妾以及嫁妻、妾者，雙方皆會懲處——徒兩年，並且一經發現，立即分離。失去妻子的丈夫、沒有歸宿的妻妾、以及人財兩失的買主，形成三輸的局面。除了和娶人妻之外，對於賣妻也有相關條文：

2. 《唐律·略人略賣人》

（1）諸略人略賣人（不合為略，十歲以下雖和亦同略法）為奴婢者，絞。為部曲者，流三千里，為妻妾子孫者，徒三年（因而殺傷人者，同強盜法）

〔註8〕〔南齊〕梁朝蕭子顯撰：《中國學術類編新校本南齊書附索引》〈列傳第七王敬則〉，（臺北：鼎文書局，1993年），頁483。

〔註9〕〔唐〕長孫無忌等撰：《唐律疏議三十卷》卷十四·戶婚，（臺北市：新文豐出版公司編輯部，1985年），頁89。

〈疏議曰〉：略人者，謂設方略而取之，略賣人者，或為經略而賣之，註云不和為略，十歲以下，雖和亦同略法〔註10〕。設局騙誘，雙方不合意的情形下進行的賣妻行為，將面臨更嚴厲的懲罰——徒三年。

（2）和誘者各減一等，若和同相賣為奴婢者，皆流二千里，賣未出售者，減一等（下條準此）。即略和誘，及和同相賣他人部曲者，各減良人一等。〔註11〕

〈疏議曰〉和誘，謂和同相誘，減略一等。為奴隸者，流三千里，為部曲者，徒三年。為妻妾子孫者，徒二年半，若和同相賣，謂元謀兩和相賣為奴婢者，賣人及被賣人，罪無首從，皆流二千里。〔註12〕

〔註10〕〔唐〕長孫無忌等撰：《唐律疏議三十卷》卷二十·賊盜，（臺北市：新文豐出版公司編輯部，1985年），頁123。

【疏議曰】略人者，謂設方略而取之，略賣人者，或為經略而賣之，註云不合為略，十歲以下，雖和亦同略法。為奴婢者，不共和同，即是被略。十歲以下，未有所知，易為誑誘，雖共安和，亦同略法，略人略賣人。為奴婢者，並絞，略人為部曲者，或有狀驗可憑，勘詰知實，不以為奴者，流三千里。為妻妾子孫者，徒三年），為弟姪之類亦同。註云，因而殺傷人者，同強盜法，謂因略人拒鬥，或殺若傷，同強盜法，既同強盜之法，因略殺傷傍人亦同，因略傷人，雖略人不得，亦合絞罪，其略人亦為奴婢不得，又不傷人，以強盜不得財，徒兩年），擬為部曲，徒一年半，擬為妻妾子孫者，徒一年。在律雖無正文，解者須盡犯狀，消息輕重，以類斷之，為奴婢者，即與強盜十足相似，故略人不得，唯徒二年），為部曲者，本條減死一等。故略未得徒一年半，為妻妾子孫者，減二等。故亦減強盜不得財二等，合徒一年。

〔註11〕〔唐〕長孫無忌等撰：《唐律疏議三十卷》卷二十·賊盜，（臺北市：新文豐出版公司編輯部，1985年），頁123。

〔註12〕〔唐〕長孫無忌等撰：《唐律疏議三十卷》卷二十·賊盜，（臺北市：新文豐出版公司編輯部，1985年），頁123。

【疏議曰】和誘，為和同相誘，減略一等。為奴隸者，流三千里，為部曲者，徒三年。為妻妾子孫者，徒二年半，若和同賣，謂元謀兩和相賣為奴婢者，賣人及被賣人，罪無首從，皆流二千里。其數人共賣他人，自依首從之法。賣未售者，減一等。謂和同相賣，未售事發，各徒三年。註云下條準此，謂下條得逃亡奴婢而賣未售，及賣期親卑幼及子孫之婦等為奴婢未售者，亦減一等。故云準此，即略和誘和同相賣，他人部曲者，謂略他人部曲為奴婢者，流三千里，略部曲還為部曲者，合徒三年。略為妻妾子孫，徒二年半，和誘者，各減一等。和誘部曲為奴婢，徒三年），還為部曲，徒二年半，為妻妾子孫，徒二年），若共他人部曲和同相賣為奴婢，減流一等，徒三年。為部曲者徒二年半，故云各減良人一等。其略和又緦麻以上親部曲客女者，律雖無文，令有轉筆，量酬衣食之直。不可同於凡人，亦須依盜法而減緦麻小功部曲減凡人部曲一等。大功減二等，期親減三等。

　　誘騙他人妻子而賣之，其刑責介於和娶與略賣之間。律定了刑法以及依據狀況的輕重所有不同。將以上三者的處罰並列來看，其刑罰高低：略賣（徒三年）〉和誘（徒二年半）〉和娶（徒二年），唐律嚴謹程度，比起東漢有過之而無不及，強力的規範下，可知賣妻與娶人妻皆是吃力不討好的事情。

　　事與願違，到了宋代，典、賣妻妾已成風習，甚至典妻婚進一步發展。據南宋李燾所撰寫《續資治通鑑長編》〔註13〕。書中提及：或於兼併之家假貸，則皆約其妻女以為質。以妻為貨的情形越演越烈，成為風俗而記載在文獻上。〈略人略賣人〉之敕令如下：

> 律諸略人略賣人（不和為略十歲以下雖和亦同略法）為奴婢者絞
> 為部曲者流三千里為妻妾子孫者徒三年（因而殺傷人者依強盜法）
> 和誘者各減一等。

> 敕諸略若和誘人因而取財及雇賣或得財者計入己之贓（在一名處
> 頻犯人不倍）略人者以不持仗強盜論一貫皆配千里婦人五百里編
> 管因而姦者依強姦法和誘者以不持仗竊盜論五貫配五百里婦人隣
> 州編管其知情引領牙保若藏匿被略誘者各依藏匿犯人法。〔註14〕

　　律條之刑責與唐代相同，其中特殊之處在於提到了「牙保（仲介人）」的刑責，推斷朝廷想從中直接切斷媒人的牽線、仲介的牽合，以降低典、賣妻事件的發生。此段史料反映出敕令對於律條的補充，並且擴大了規定的範圍與情況。

　　風俗形成的主因無法根除，再高壓的律令也擋不住人民苦痛與無奈的選擇。在宋朝文學作品中也出現了有關典妻（妾）的故事情節：宋人《京本通俗小說》中《錯斬崔寧》的故事。到了明代馮夢龍的《醒世恆言》中也有收錄，改題為《十五貫戲言成巧禍》〔註15〕。內容描述是宋高宗時，臨安城（今杭州）主人翁因戲言「典妾」之事所引發的一起冤案，南宋時流行於浙江的典妻（妾）習俗及其約定俗成的慣例作了比較具體的記載。文學作品中所描繪

〔註13〕〔宋〕李燾撰：《續資治通鑑長編》上海師範大學古籍整理研究所、華東師範大學古籍整理研究所點校，（北京市：中華書局，2004年），頁282。

〔註14〕〔宋〕陳傅良：《止齋集‧桂陽軍告諭百姓榜文》，《四庫全書薈要》（臺北：世界書局，1986年），頁396-373～396-374。

〔註15〕〔明〕馮夢龍編刊、魏同賢校點：《醒世恆言》，（江蘇省：江蘇古籍出版：新華發行），1991年，頁724～739。

的典妻（妾）情景，正是當時社會流行典妻婚的最真實的寫照。

（三）興盛於元

元代的江南地區典妻風俗更盛，據《元典章》記載：吳越之風，典妻雇子成俗久矣，前代未嘗禁止。〔註16〕在中國的南方，典、賣妻風俗歷來已久，元二十九年（西元 1292 年）六月，當時擔任浙東海右道副使的王朝，對江南地區的典妻婚感到十分驚詫。給行中書省寫了一份「請牒」，其中詳細記述了當時南方各地的典妻風俗。全文如下：

元代又特禁止南方人民把妻子當做所有物可以典雇與別的人，如元典章五十七刑部十九就引至元二十九年六月二十四日中書省據御吏台浙東海石右道廉訪司申准本道副使王朝請牒：

> 蓋聞夫婦乃人之大倫，故妻在有齊體之稱，夫亡無再醮之禮。中原至貧之民，雖遇大饑，寧與妻子同棄于溝壑，安得典賣於他人。江淮混一，十有五年，風薄俗敗，尚且仍舊，有所不忍聞者。其妻既入典雇之家，公然得為夫婦，或為婢妾往往又有所出。三年、五年期限滿之日，雖曰歸還本主，或典主貪愛婦之姿色，再舍銀財；或婦人戀慕典主之豐足，棄嫌夫主，久則相戀，其勢不得不然也。輕則添財再典，甚則偕以逃亡，或有情不能相舍，因而殺傷人命者有之。

> 即目官法，如有受錢令妻與人通姦者，其罪不輕，南方愚民公然受價將妻子典與他人數年，如同夫婦豈不重於一時？令妻犯法之罪，有夫之婦擬合禁治，不許典雇……」〔註17〕

最後，元世祖批准此議，並下詔諸路加禁。王朝的這一請牒，可謂是元代關於典妻婚的原始記錄，從中可以看出幾項重點：首先以典妻、賣妻的名稱，在元代依然是兩者通稱。再則「貧窮」依然是典、賣妻的主要原因。三則因典妻發生了糾紛與爭議，甚至傷人事件。最後對此風俗，官方持續持續嚴令禁止。

從《元史》中的記載，關於典、賣妻的法條，整理如下：

〔註16〕《元典章》〈刑部卷之十九　典章五十七　禁典僱妻妾〉，（北京市：中國書店出版，1990 年），頁 803

〔註17〕《元典章》〈刑部卷之十九　典章五十七　禁典雇有夫婦人〉，（北京市：中國書店出版，1990 年），頁 802。

1. 刑法（三）戶婚：禁典雇於人

   諸以女子典雇於人，及典雇人之子女者，並禁止之。若已典雇，願以婚嫁之禮為妻妾者，聽。諸受錢典雇妻妾者，禁。其夫婦同雇而不相離者，聽。諸受財嫁賣妻妾，及過房弟妹者，禁。〔註18〕

2. 刑法（三）奸非：諸雇人之妻為妾

   諸夫受財，縱妻為倡者，夫及奸婦、奸夫各杖八十七，離之。若夫受財，勒妻妾為倡者，妻量情論罪。諸和奸，同謀以財買休，卻娶為妻者，各杖九十七，奸婦歸其夫。諸夫妻不睦，夫以威虐，逼其妻指與人奸者，杖七十七，妻不坐，離之。〔註19〕

3. 刑法（三）盜賊：諸夫受財，縱妻為倡者

   諸掠賣良人……為妻妾子孫者，一百七，徒三年；因而殺傷人者，同強盜法。若略而未賣者，減一等，和誘者又各減一等，及和同相賣……為妻妾子孫者，七十七，徒一年半；知情娶買及窩藏受錢者，各遞減犯人罪一等……引領牙保知情，減二等，價沒官，人給親。〔註20〕

　　由上面三則律法可知，刑責上與唐律不同之處：（1）增加了杖刑，提高了犯罪者的死亡率（2）交易的金錢也沒入官府，警告民眾典、賣妻的行為不是濟貧的方法（3）對於牙保的犯行有更一步的處罰，並將媒人禮金沒官。相關規定越是嚴謹，同時代表典、賣妻風俗越興盛。（4）元朝在典妻婚俗的流變中，又增添了轉嫁及買休賣休。〔註21〕

　　至元十五年（西元1278年），袁州發生了「彭六十典雇妻案」〔註22〕。彭六十，因家貧無法養活妻子兒女，將妻子阿吳典雇給彭大三使喚，並立契為證，以三年為期，此案「質賣」、「典賣」、「雇鬻」主因出於「濟貧」的目的，並不屬於本案典、賣妻的討論範疇，但依稀可見婦女的社會地位低

〔註18〕《元史》志第五十一刑法（二）戶婚，（上海：新華書局，2004年），頁2079。

〔註19〕《元史》志第五十一刑法（三）奸非，（上海：新華書局，2004年），頁2090。

〔註20〕《元史》志第五十二刑法（三）盜賊，（上海：新華書局，2004年），頁2097。

〔註21〕徐海燕：《略論中國古代典妻婚俗及其產生根源》，（《瀋陽師範大學學報（社會科學版）》第4期2005年），頁78。

〔註22〕《元典章》〈刑部卷之十九典章五十七禁典雇〉，（北京市：中國書店出版：新華發行，1990年），頁801。

下，以及將婦女任意買賣的事實。此外，關漢卿雜劇《劉夫人慶賞五侯宴》〔註23〕中王屠的妻子王嫂，因無力殯葬丈夫及撫養兒子，於是將自身出典趙太公三年。之後趙太公便將契約文書改成賣身文書，將王嫂永遠留在趙家使喚。對於女性成典雇下的物品，原因都直指於貧窮。

自元朝起，統治者就開始從律法層面對加重對於典、賣婚的禁止。力圖以嚴厲的法律制裁來杜絕典、賣婚陋俗，維護社會秩序的穩定

（四）惡化於明清

明崇禎7年（西元1634年），馮夢龍（西元1574～1646）出任福建壽寧地方官，記錄17世紀前半葉，底層小民的生活面貌，書中有關於福建歷史上「典賣其妻」之風的重要證言，略曰：

> 閩俗重男輕女，壽寧亦然，生女則溺之。自余設屬禁，且捐俸以賞收養者，此風頓息。大家非大故不出妻，小戶稍不當意如棄敝屣。或有急需，典賣其妻，不以為諱。或貸與他人生子，歲僅一金，三周而滿，滿則迎歸。典夫乞寬限，更券酬直如初。亦有久假不歸，遂書賣券者。孀婦迫於貧，喪中即嫁。甚有雙鬢皤然，然尚覓老翁為伴，謂之幫老。微獨輕女，女亦自輕，悲夫！〔註24〕

底層的民眾將妻子視為財產之一，若遇急事可將之任意變賣、租賃，進而衍生出了「挂帳」、「幫腿」、「樸妻」〔註25〕等相關說法，於陳顧遠《中國婚姻史》及楊鴻烈《中國法律發達史》皆有提及〔註26〕，因貧困不得已而改嫁、再嫁。在父權、夫權面前，女性無自主權，在生活面前婦女也無法擁有自我意識。

前文所述「歲僅一金」，汪毅夫認為：即一兩金花銀，不足於購米一石〔註27〕。許毓良〈清代臺灣的人口估量〉〔註28〕一文中提及：一人一天的

〔註23〕 關漢卿，吳國欽校注：《關漢卿戲曲集》，（臺北市：里仁，民87），頁401。

〔註24〕 馮夢龍：《壽寧待志》，（福建人民出版社，1983年6月），頁52。

〔註25〕 前南京民國政府司法行政部（編），胡旭晟（等點校）：《民事習慣調查報告錄》，928～929、937～938。

〔註26〕 楊鴻烈：《中國法律發達史》，（上海市：上海，1990年），頁741。

〔註27〕 汪毅夫：〈「典賣其妻」的證言證物〉，臺灣中評網：http://www.crntt.tw/doc/1051/4/3/8/105143848.html?coluid=7&kindid=0&docid=105143848。查詢日期：2019年1月12日。

〔註28〕 許毓良：〈清代臺灣的人口估量〉，（《興大歷史學報》第二十期2006年8月），頁75～108。

食米數量為何？參酌《則例》對出洋船員攜米的規定，確定一人一天食用一升的米。〔註29〕藍鼎元，《平臺紀略》：招募壯丁……人日給米一升。〔註30〕一人一天食米一升，一年食米365升。十升等於一斗，十斗等於一石；一百升等於一石。意即：典妻之價，連購買100天的米糧都不到，社會底層民眾之生活現況，令馮夢龍嘆息不已。

　　《明律》中有關規範婦女買賣的律條有三：〈戶律・婚姻・典雇妻女〉、〈刑律・賊盜・略人略賣人〉中「賣妻為婢」部分，以及〈刑律・犯姦・縱容妻妾犯姦〉中「買休賣休」部分。

　　其中買休賣休是法律用語，關於「買休賣休，和娶人妻」的解釋，明朝應檟解釋為：「用財與人之夫，令其休妻曰買休。本夫得財，而休其妻曰賣休，因而娶之為妻曰和娶。」〔註31〕即買方以錢財使丈夫和其妻子解除婚姻關係，以便買方和其妻子締結婚約的行為。〈刑律・賊盜・略人略賣人〉條與〈刑律・犯姦・縱容妻妾犯姦〉條中的買賣行為，即與〈戶律・婚姻・典雇妻女〉條中的典雇行為不同，為買斷的行為，不必限定日期長短，也不必日後用錢贖回。

　　「休」字如言「休棄」，亦即本夫以終止婚姻關係為前提，將髮妻嫁賣給其他男人為妻妾；而後夫，則是用錢買娶，使本夫休離其妻之意。在此明顯地指出買賣妻妾的違法性，但縱使再嚴謹的法條都無法攔住此一風俗，依然流竄在各朝代之中。

　　1.〈戶律・婚姻・典雇妻女〉的規定為：

　　凡將妻妾受財典雇與人為妻妾者，杖八十。典雇女者，杖六十。婦女不坐○若將妻妾妄作姐妹嫁人者，杖一百。妻妾杖八十○知而典娶者，各與同罪，並離異，財禮入官。不知者不坐，追還財禮。〔註32〕

〔註29〕不著編人：《兵部則例□□卷・海禁》，清乾隆內（務）府抄本，北京國家圖書館藏。

〔註30〕藍鼎元：《平臺紀略》，（臺灣銀行文獻叢刊第一四種，1958年4月），頁59～60。

〔註31〕〔明〕應檟：《大明律釋義》，收於《大明律釋義　三十卷》卷25，（上海：上海古籍，2002年），〈刑律・犯姦・縱容妻妾犯姦〉，頁197。

〔註32〕黃彰健編：《明代律例彙編》〈戶律三・婚姻・典雇妻女〉，（臺北：中央研究院歷史語言研究所，1979年），冊下，卷6，頁500。

2. 〈刑律‧犯姦‧縱容妻妾犯姦〉之中有關「買休賣休」行為的規定：

> 凡縱容妻妾與人通姦，本夫、姦夫、姦婦，各杖九十。抑勒妻妾，及乞養女與人通姦者，本夫、義父，各姦一百，姦夫杖八十。婦女不坐。並離異歸宗○若縱容抑勒親女，及子孫之婦妾，與人通姦者，罪亦如之○若用財買休賣休，和娶人妻者，本夫本婦及買休人各杖一百。婦人離異歸宗，財禮入官。若買休人，與婦人用計逼勒本夫休棄，其夫別無賣休之情者，不坐。買休人及婦人，各杖六十，徒一年。婦人餘罪收贖，給付本夫，從其嫁賣。妾減一等。媒合人各減犯人罪一等。〔註33〕

3. 〈刑律‧賊盜‧略人略賣人〉的律條則中規定：

> 凡設方略，而誘取良人，及略賣良人為奴婢者，皆杖一百，流三千里。為妻妾子孫者，杖一百，徒三年。因而傷人者，絞。殺人者斬，被略之人不坐，給親完聚……○若和同相誘，及相賣良人……為妻妾子孫者，杖九十，徒二年半。被誘之人減一等，未賣者各減一等。十歲以下，雖和，亦同略誘法……○其賣妻為婢，及賣大功以下親為奴婢者，各從凡人和略法○若窩主及買者知情，並與犯人同罪。牙保各減一等，並追價入官。不知者俱不坐。追價還主。〔註34〕

將明律與元律進行比較，參閱附錄二（頁143），分析如下：

明律〈戶律‧婚姻‧典雇妻女〉和元朝刑法（三）戶婚：禁典雇於人，相較：元朝只是明令禁止，時至明朝，卻發展出對出典人和受典人實行杖罰，並沒收財禮。明律〈刑律‧犯姦‧縱容妻妾犯姦〉和元律刑法（三）奸非：諸雇人之妻為妾，相較：元朝夫、姦婦、姦夫「各杖八十七」到了明朝變成「各杖九十」。明律〈刑律‧賊盜‧略人略賣人〉和元律刑法（三）盜賊：諸夫受財，縱妻為倡者，相比：對於牙保的刑罰從「減兩等」變成「減一等」。

由此可知，法律條文的內容不停擴充，分類趨於明確、規範不斷增加、刑責更加嚴厲，是歷代以來最為完備，相對而言，可知風俗也是最為嚴重

〔註33〕黃彰健編：《明代律例彙編》〈刑律八‧犯姦‧縱容妻妾犯姦〉，（臺北：中央研究院歷史語言研究所，1979年），冊下，卷25，頁934。

〔註34〕黃彰健編：《明代律例彙編》〈刑律一‧賊盜‧略人略賣人〉，（臺北：中央研究院歷史語言研究所，1979年），冊下，卷18，頁784至頁785。

的。

法律上的解釋，明代《明律・戶律，婚姻》條：「備價取贖曰典」〔註35〕，時至清朝，清律說明得更清楚。在《大清律輯注》中註記：

> 期限較長的，需要到期另行取贖，稱之為「典」，即所謂的「備價取贖」，曰「典」；而期限較短，按照一定的時間段（如日等）進行估價，到期出典之家不需另行取贖的，稱之為「雇」或者「租」，即所謂的「驗日取值，期滿歸」，曰「雇」。〔註36〕

土地與妻子的類比關係，從民間俗語也可以看出：「有錢不娶活人妻，要地不要順道的（在路邊的）」。其中的道理，在於買一個活人妻子是有風險的，就如同買路邊的地收成容易被破壞或偷竊。類似的說法包括「買地不買河灣地，娶妻不娶活人妻」〔註37〕、「有財不治澇窪地，有錢不買活人妻」〔註38〕、「有錢不種無糧地，有錢不娶活人妻」〔註39〕，意味著兩頭皆空、白忙一場。買娶活人之妻與耕種澇窪地、無糧地一樣，雖是便宜買賣，卻可能落得徒勞無獲與糾葛橫生的下場。地方諺語暗示著「妻子」的典賣與「土地」的典賣分享了類似的思考脈絡或作法。

〔註35〕 葉麗婭：《典妻史》（上海：文藝出版社，2000 年 10 月），頁 69。

〔註36〕 〔清〕沈之奇撰，懷效鋒、李俊點校：《大清律輯注》，（法律出版社，2000 年版），第 256 頁。

〔註37〕 〔美〕Matthew H・Sommer, The Adjudication of Wife-Selling in Qing County Courts: 220 Cases from Ba, Nanbu, and Baodi Counties（由巴縣、南部縣與寶坻縣 220 件案例檢視清代法庭對嫁賣妻子罪刑的審理），宣讀於 2005 年 10 月 13 日至 15 日「明清司法運作中的權力與文化」學術研討會，後翻譯為〔美〕蘇成捷（Matthew H・Sommer）著，林文凱譯，〈清代縣衙的賣妻案件審判：以 272 件巴縣、南部與寶坻縣案子為例證〉，收於邱澎生，陳熙遠編，《明清法律運作中的權力與文化》，（臺北：中央研究院、聯經出版，2009 年），頁 357。

〔註38〕 武占坤（主編）：《中華風土諺志》，（北京：中國經濟出版社，1997 年），頁 710～711。類似討論，參見：〔美〕Matthew H・Sommer, The Adjudication of Wife-Selling in Qing County Courts: 220 Cases from Ba, Nanbu, and Baodi Counties（由巴縣、南部縣與寶坻縣 220 件案例檢視清代法庭對嫁賣妻子罪刑的審理），宣讀於 2005 年 10 月 13 日至 15 日「明清司法運作中的權力與文化」學術研討會，後翻譯為〔美〕蘇成捷（Matthew H・Sommer）著，林文凱譯，〈清代縣衙的賣妻案件審判：以 272 件巴縣、南部與寶坻縣案子為例證〉，收於邱澎生，陳熙遠編，《明清法律運作中的權力與文化》，（臺北：中央研究院、聯經出版，2009 年），頁 357～358。

〔註39〕 張萬善（修），許聞詩（纂），邊疆方志之五《（察哈爾省）張北縣志》：（臺北：臺灣學生書局，1967 年，據民國 23 年〔1934〕鉛印本景印），頁 1016。

　　同時代的文學作品也記錄了此風俗，刻畫明代市井社會的《金瓶梅》〔註40〕，描述主角潘金蓮被一賣再賣的故事。在《金瓶梅》中潘金蓮共被賣了三次，（1）潘金蓮登場時她才九歲，父親死了後，被賣給一個大戶人家王招宣府當丫鬟。（2）在潘金蓮十五歲時，王招宣死了，又被以三十兩銀子轉賣於張大戶家。十八歲時金蓮出落得標緻，張大戶每每想收了金蓮當小妾，妻子醋勁大發，最終她被白白地嫁給武大。（3）西門慶死後，王婆領走潘金蓮，這是她是第三次進入人肉市場，最後被武松以一百零五兩銀買走並殺死。〔註41〕

　　第一回《西門慶熱結十弟兄　武二郎冷遇親哥嫂》〔註42〕西門慶稱出四兩銀子，叫家人來興兒買了一口豬、一口羊、五六壇金華酒和香燭紙札、雞鴨案酒之物……，對比第九回〈西門慶偷取潘金蓮，武都頭誤打李皂隸〉〔註43〕，西門慶用五兩銀子另買一個小丫頭，名喚小玉、六兩銀子買一個丫頭秋菊。西門慶的一頓餐費大約等於一個丫頭的身價，推知當時婦女憑人任意買賣，極為廉價。

　　而清末風俗畫《點石齋畫報》〔註44〕〈當妻談新〉〔註45〕中也提及「當妻」或典、租妻之風，實係「以人為稱貸」，憑中立券交易，「（妻）若產業之

〔註40〕〔清〕蘭陵笑笑生：《金瓶梅》，（臺北市：臺灣古籍出版；臺北縣：東芝文化總經銷，2006年）。

〔註41〕〔清〕蘭陵笑笑生：《金瓶梅》，（臺北市：臺灣古籍出版；臺北縣：東芝文化總經銷，2006年），頁891～898。第八十七回〈王婆子貪財忘禍，武都頭殺嫂祭兄〉。

〔註42〕〔清〕蘭陵笑笑生：《金瓶梅》，（臺北市：臺灣古籍出版；臺北縣：東芝文化總經銷，2006年），頁8。

〔註43〕〔清〕蘭陵笑笑生：《金瓶梅》，（臺北市：臺灣古籍出版，臺北縣：東芝文化總經銷，2006年），頁79～86。

〔註44〕在清代上海點石齋發行的吳友如《點石齋畫報》，作者吳獻，字友如，他的畫實被人們稱為「清代風俗畫」，光緒甲申（1884）年間，吳獻應上海點石齋聘請，負責編繪畫報。

〔註45〕吳友如主編：《點石齋畫報初集》庚七，（廣州：廣東人民出版：古籍發行，1983年），頁54。前聞甯波某鄉有租妻之風或十年或七八年或五六年或四三年憑中立券交易而退一若產業之可以意為出入者今閱日報袁州又有當妻風氣當與租無二理以人為稱貸也據述以婦當于乙得錢三十千今春向乙找價乙無力聽甲贖歸而售於丙婦因氣憤填膺而自縊者謂其不死於乙而死於丙前之不貞湲豈得謂之潔乎雖然從一而終之義可以責備賢者彼村落小家婦為境遇所迫又不獲自主一任其夫之出之納之如萍隨水如絮黏尼小星……

可以意為出入者」。其他尚有〈典妻販婢〉〔註46〕、〈典婦〉〔註47〕、〈還妻得妻〉〔註48〕，從這些圖文並茂的畫作為後世保留了清代典妻、賣妻的珍貴材料，可以推論：（1）清時，南部地區典、賣妻風俗已遍及在民間相當普遍及氾濫。（2）典、賣妻起因多為貧困無依、潦倒無助，需款孔急。（3）「以妻為貨」，將婦女作為交易的籌碼。

　　於文學作品中亦見相關記載：《警世通言》〈誠實呂玉還金卻完骨肉，貪婪呂寶賣嫂反賣妻婦〉〔註49〕中「貪婪的二弟呂寶，賣嫂反賣妻」，《閱微草堂筆記》〈灤陽續錄五〉〔註50〕的「鬻婦以求活」，《聊齋誌異》〈劉姓〉

〔註46〕吳友如主編：《點石齋畫報五集》忠十，（廣州：廣東人民出版：古籍發行，1983年），頁80。劉某，廣西平南人。妻某氏，年二十餘，丰姿綽約，靜好無尤。雖居賤食貧，絕無怨意。今春平南荐饑，貧家賣男鬻女，為救饑之計。女價頗廉，劉思生財之道，別無他計，若販女轉售東粵為婢，利市可獲三倍，而家貧苦無資本，一再躊躇，因商於妻，將稱貸於富家，而以妻作抵焉，妻許之。富家涎其美，遂貸以三十金約期取贖，過期即作割絕論，署券而去。劉得金即販兩婢，附船東下，以為指日獲利，床頭人不難壁還也。詎舟到玉省河，夜泊花埭之茶滘，被匪三人窺破行徑，知其孤弱可欺，竟駕舢板托言巡查，登舟檢觀，見有二女，誣以拐帶劫去兩女。劉再三分辯，匪即按槍指嚇，劉畏其兇悍，不敢與較，任其揚長而去，而自顧，兩婢既失，家室又空，歸無可歸，懊恨欲絕，始悔前之妄思發財，作無恥之事，而反不能自保也，亦已晚矣。

〔註47〕吳友如主編：《點石齋畫報二集》午十一，（廣州：廣東人民出版：古籍發行，1983年），頁81。浙之甯俗有典妻之風予初至上海即聞之未敢信也今則見公牘入報章且有人為之論說矣論知者之層層詰駁暢快淋漓非祇叺供□助也冀有人革其弊也予可無言以而予之必繪是圖者叺此次首半叺貞女而成節婦可憫也……

〔註48〕吳友如主編：《點石齋畫報三集》絲十二，（廣州：廣東人民出版：古籍發行，1983年），頁94。甯波人李某素業賈賦閒既久又鷸口無資不得已議將妻某氏鬻之以濟貧困當託無賴某甲代為撮合□富翁程某欲置一篷室甲遂繩某氏之美於程□觀之大喜允給身價洋一百五十元議既定乃迎某氏過門見其花容慘淡愁鎖雙眉訝而問之知係有夫之婦以不忍分離……

〔註49〕〔明〕馮夢龍編刊，魏同賢校點：《警世通言》，（江蘇省：江蘇古籍出版：新華發行，1991年），頁53～64。這篇文章，分為兩部分，第一部分說的是全員外客嗇、作惡，家毀人亡。第二部分說的是呂大郎拾金不昧、積善積德，家興人旺的事情。而貪婪的二弟呂寶，賣嫂反賣妻，本文採取對比的手法，讀後發人深思。

〔註50〕〔清〕紀曉嵐：《閱微草堂筆記》，（大中國圖書公司，1994年6月再版），頁417。滄州有董華者，讀書不成，流落為市肆司書算。復不能善事其長，為所排擠出。以賣藥卜卦自給，遂貧無立錐。一母一妻，以縫紉澣濯佐之，猶日不舉火。會歲饑，枵腹杜門，勢且俱斃。聞鄰村富翁方買妾，乃謀於母，將鬻婦以求活。婦初不從。華告以失節事大，致母餓死事尤大，乃涕泗曲從，惟約以儻得生還，乞仍為夫婦。華亦諾之。婦故有姿，富翁頗寵眷，然枕席時有淚痕。

〔註51〕中的「賣婦」，明朝西湖漁隱主人《歡喜冤家》〈鐵念三激怒誅淫婦〉
〔註52〕中的「竟有把妻子典與人用」，以及俞樾撰的《右台仙館筆記》〔註53〕

富翁固問，毅然對曰：「身已屬君，事事可聽君所為。至感憶舊恩，則雖刀鋸
在前，亦不能斷此念也。」適歲再饑，華與母並為餓莩。富翁慮有變，匿不使
知。有一鄰嫗偶泄之，婦殊不哭，癡坐良久，告其婢嫗曰：「吾所以隱忍受玷
者，一以活姑與夫之命，一以主人年已七十餘，度不數年），即當就木；吾年
尚少，計其子必不留我，我猶冀缺月再圓也。今則已矣。」突起開樓窗，踴身
倒墜而死。此與前錄所載福建學使妾相類。然彼以兒女情深，互以身殉，彼此
均可以無恨。此則以養姑養夫之故，萬不得已而失身，乃卒無救於姑與夫，事
與願違，徒遭玷污，痛而一決，其齎恨尤可悲矣。

〔註51〕〔清〕蒲松齡，張友鶴整理：《聊齋誌異》，（漢京文化事業有限公司，1984
年），頁879～882。一人稽簿曰：「此人有一善，合不死。」南面者閱簿，
其色稍霽。便云：「暫送他去。」數十人齊聲呵逐。余曰：「因何事勾我來？
又因何事遣我去？還祈明示。」吏持簿下，指一條示之。上記：崇禎十三
年），用錢三百，救一人夫婦完聚。吏曰：「非此，則今日命當絕，宜墮畜
生道。」駭極，乃從二人出。二人索賄。怒告曰：「不知劉某出入公門二十
年），尚勒人財者，何得向老虎討肉喫耶！」二人乃不復言。送至村，拱手
曰：「此役不曾嗷得一掬水。」二人既去，入門遂蘇，時氣絕已隔日矣。」
李聞而異之，因詰其善行顛末。初，崇禎十三年），歲大凶，人相食。劉時
在淄，為主捕隸。適見男女哭甚哀，問之，答云：「夫婦聚裁年餘，今歲荒，
不能兩全，故悲耳。」少時，油肆前復見之，似有所爭。近詰之。肆主馬
姓者便云：「伊夫婦餓將死，日向我討麻醬以為活。今又欲賣婦於我。我家
中已買十餘口矣。此何要緊？賤則售之，否則已耳。如此可笑，生來纏人！」
男子因言：「今粟貴如珠，自度非得三百數，不足供逃亡之費。本欲兩生，
若賣妻而不免於死，何敢焉？非敢言直，但求作陰騭行之耳。」劉憐之，
便問馬出幾何。馬言：「今日婦口，止直百許耳。」劉請勿短其數，且願助
以半價之資。馬執不可。劉少負氣，便謂男子：「彼鄙瑣不足道，我請如數
相贈。若能逃荒，又全夫婦，不更佳耶？」遂發囊與之。夫妻泣拜而去。
劉述此事，李大加獎歎。

〔註52〕〔明〕西湖漁隱人：《歡喜冤家》，（臺北縣：雙笛國際出版1944年），頁226。
我那營中，常有出汛的，出征的，竟有把妻子典與人用。或半年，或一載，
或幾月，憑你幾時……

〔註53〕〔清〕俞樾：《右台仙館筆記》〈卷四〉，（臺北市：廣文，1965年），頁11。
律載將妻妾典雇與人為妻妾者，杖八十。而寧波鄉間往往有此事，亦惡俗
也。有唐某者，以採樵為業。一母一妻，以捆屨織席佐之，而常苦不給。
值歲歉，饔飧缺焉。聞鄰村有王姓者，無子，欲典人妻以生子。唐謀於母，
將以妻賣焉。妻不可，唐曰：「婦人失節，固是大事，然使母餓死，事更大
矣。」婦乃諾之，典於王，以一年為期。而婦有姿，王嬖之。及期往贖，
王將典契中一字改為十字，唐不能爭。婦告眾曰：「吾隱忍為此者，以為日
無多而可以活姑與夫之命也。若遲至十年），吾行且就木矣，其奚贖焉？」
乃投水死。此婦以養姑失節，卒至破鏡難圓，黃泉齎恨，其亦可悲也已！

〈卷四〉的「以妻典焉」等等的資料，都讓典、賣妻的事蹟不斷浮上檯面，攤在世人面前。

二、地理分佈

從歷史回顧中可以看出，貧窮、高賦稅、社會戰亂等原因，對於典、賣妻風俗皆有推波助瀾之效。若以地域空間分佈而言，《典妻史》〔註54〕提供的資料顯示，此風俗出現於浙江、江蘇、福建、安徽、台灣等地。

徐建平在〈近代典妻風俗的區域分布，兼評葉麗婭，《典妻史》〉〔註55〕一文中，根據史志中出現的典妻風俗情況有：浙江省 37 個縣、福建省 13 縣、安徽省 1 縣、江蘇省 3 縣、江西省 1 縣。而典妻風俗主要集中於閩浙地區——浙南以及福建的丘陵地帶〔註56〕。同時，閩浙兩地的人口男女性別失衡狀況，也是行政區中男女性別比例差異最懸殊者，正是發生過典妻情況的區域。

宣統三年（西元 1911 年）福建全省的平均男女人口比為 122.1（以女生為 100）〔註57〕。西元 1912 年福建地區的女／男比例為 100（女）：128（男），民國三十八年（西元 1949 年）的男女比例為 100（女）：107（男），〔註58〕這顯示福建地區當時男女比例的嚴重失衡。此外，其他文獻指出民國 25 年（西元 1936 年）福建的男女性別比為 123.23，而民國 26 年（西元 1937 年）的平均值為 119.29。〔註59〕將相關資料整理如下表：

〔註54〕葉麗婭：《典妻史》，（上海：文藝出版社，2000 年），頁 125。

〔註55〕徐建平：〈近代典妻風俗的地域分佈——兼評葉麗婭《典妻史》〉，《九州學林》（2013 年 04 月 8 日），頁 172～176。

〔註56〕徐建平：〈近代典妻風俗的區域分布，兼評葉麗婭，《典妻史》〉，《九州學林》（2013 年 04 月），頁 168。

〔註57〕此數據來自民政部調查，轉引自福建省地方誌編纂委員彙編：《福建省志・人口志》（北京方志出版社，1998 年），頁 128。

〔註58〕根據徐曉望〈從溺嬰習俗看福建歷史上的人口自然構成問題〉，（《福建論壇・經濟社會版》（第 3 期 2003 年）的統計民國元年（1912），也就是清代末期，（福建地區的男女比例是 100（女）：128（男），民國三十八年（1949）的男女比例為 100（女）：107（男），頁 52～56。

〔註59〕福建省地方誌編纂委員彙編：《福建省志・人口志》，（北京：方志出版社，1998 年），頁 128。

表 1　清末民初福建男女比例

西元年	男女比例
1911	1.22：1
1912	1.28：1
1936	1.23：1
1937	1.19：1
1949	1.07：1

資料來源：《福建省志·人口志》以及徐曉望〈從溺嬰習俗看福建歷史上的人口自然
　　　　　構成問題〉。

　　如上圖所示，若以女性比例為 1，男性比例則落在 1.07～1.28 之間，男女比例失衡，直接導致婚姻問題。根據陳支平的研究，在福建婚嫁費用過高與實際生活中男女性的作業等因素有關，普通人家認為養女兒是一種負擔。溺女嬰和童養媳的普遍存在，又加重了男女性別比的失衡，使得很多貧苦青年不能成婚，進而民間的婚姻關係趨向紊亂。〔註 60〕在強調子嗣觀念的封建社會中，選取「典、賣妻」作為解決婚嫁問題的捷徑。

（一）福建典、賣妻風俗

　　明末清初，隨著鄭成功收復台灣和清政府統一台灣，大量福建漳、泉人渡海徙居台灣，使台灣總人口中福建籍人佔 80% 以上，漢族民俗取代高山族民俗在台居主導主體地位。台灣迅速與福建成為同一民俗區。〔註 61〕普遍而言，中下階層百姓因天災人禍、政權更迭、沈重賦稅、貪官壓迫等等原因，導致賣女買婦，其影響婚姻情形顯而易見。

　　「穫」為福州地方方言，意思指在收穫前先估價某田地的收穫多寡，算出賣出的價格賣出。又事實上也使用在典的意義上。大概是指本來的持有者仍一樣持有所有權，只將某些期間之收益權利對價賦予他人之意。〔註62〕

〔註60〕陳支平：《500 年來福建的家族社會與文化》，（上海三聯書局，1991 年），頁
　　　　148～153。
〔註61〕方寶璋：〈閩台民俗的歷史積澱與嬗變〉《閩台民間習俗》，（福建：人民出版
　　　　社出版，2003 年 7 月），頁 7。
〔註62〕唐文基著、鶴見尚弘譯，《明清時代福州地方土地典賣文書の研究》，《東洋學
　　　　報》（1990 年 12 月第 72 卷第 1～2 號），頁 29～51。頁 35～37 中說明。上述
　　　　の数種契文から理解できるように、売であれ、典・穫であれ、これらの契

約限贖回曰典，因此樸妻的說法和典妻意思相近，也是將妻子在某些時間的權利，賦予他人使用之意。如下福建福安縣習慣所述：

> 福安西北鄉一帶，樸妻陋習，多緣甲某無妻，其力又不能娶妻，乙
> 某有妻，其力亦不能養妻所致，樸價不過數十金，其限自三五年至
> 十年不等，限內生子歸甲，婦若病故，則甲乙會同料理，期滿，能
> 贖者聽贖，不贖者，則繼續為甲妻。〔註63〕

《典妻史》中提到福建地區有——典妻、樸妻、掛賬和幫腿等異稱。典妻在壽甯縣，明代時就流行典妻習俗。貧苦人家，如遇急需（衣食無著、還債、辦喪事等），在無計可施的情況下，只有典賣其妻，收取微薄資金，妻子則為他人生子，傳宗接代。〔註64〕由此可知，福建之「樸妻」風俗與土地交易情況類似，在「貧困」之際，以妻為貨，典賣於他人。而與福建僅一水之隔的台灣亦有典、賣妻之風，推測與同屬閩南文化圈的福建有緊密關連。

到了清朝從雍正六年（西元1728年），浙江巡撫李衛上奏的奏則摺內容中提到福建地區的典、賣妻惡習，來自於浙江省〔註65〕。岸本美緒教授在〈妻可賣否？——明清時代的賣妻、典妻習俗——〉研究指出：

> 「典妻賣妻」、「招夫養夫」〔註66〕分佈帶有地域性傾向。典妻、租
> 妻型的習俗以浙江省為中心，擴及福建省的一部份。招夫養夫型的
> 習俗則流行在福建及陝西南部，並擴及甘肅。〔註67〕

　　文には四つの基本要素が見られる。第一は、土地の価格を算出して交易する。第二は、買主にに收租権がある。第三は、売主に買い戻す権利がある。第四は、買主が税糧を負担しなければならぬことである。

〔註63〕法政學社編：《中國民事習慣大全》，（廣益書局印行，1962年），頁136。

〔註64〕葉麗婭：《典妻史》，（上海：文藝出版社，2000年），頁53。

〔註65〕原文為：「查浙省沿海之溫、臺二府，向緣染於福建惡俗，沿及衢州、金華府屬。俱有將己妻得價出典與人，始猶無力婚娶者之所為，生子留養之後，將其婦仍給夫領回。漸則人心日刁，即有子者，亦借此為漁色之計。臣於上年閏三月內，分晰飭行嚴禁。今雖不敢公然立契典僱，尚有假稱『出典床半張』之名目，仍自私相授受者。」詳見國立故宮博物院（編），《宮中檔雍正朝奏摺、第11輯》，（臺北：國立故宮博物院1977～1980），頁672～673。

〔註66〕變相的賣妻方式「招夫養夫」，則是妻子另招新夫至家中，以養活因疾病、殘障、或年邁而沒有能力賺錢的丈夫，形成「一屋二夫」的情況。

〔註67〕〔日〕岸本美緒著，李季樺譯：〈妻可賣否？——明清時代的賣妻、典妻習俗——〉，收錄在陳秋坤、洪麗完主編，《契約文書與社會生活：台灣與華南社會（1600～1900）研討會論文集》，（台北：中央研究院台灣史研究所籌備處，2001），頁225至頁263。原發表為〔日〕岸本美緒，〈妻を売ってはいけな

下表是岸本美緒整理典、賣妻習俗的事例〔註68〕，福建因地域不同衍生出名稱各異的典賣妻風俗：

表2　岸本美緒整理之福建典、賣妻事例

省	府	縣	事例、稱呼	出處
福建	福州	古田	掛帳、幫腿	1585
		屏南	幫腿	1606
	福寧	霞浦	招夫養夫	1604
		福安	襆妻	1602
	泉州	南安	賣妻	1583
	邵武	光澤	半邊門、抵押婚	1585

資料來源：民商事習慣調查報告錄整理者：岸本美緒

典雇婚在明清時期進一步發展，還出現了「招夫養夫〔註69〕」的新形態婚姻關係。可謂是典妻習俗之變體，它不是「夫」將妻出「典」，而是「妻將新夫引進家中」，因而被稱為「招夫」。

《中國民事習慣大全》中指出：浙江等縣習慣，中流以下社會往往有招夫養夫之事例，如夫甲患有廢疾，不能自營生活，其妻乙，得甲之同意，另招丙至家為夫，負擔撫養義務，俗名招夫養夫，如甲無嗣，丙所生之子，亦得承繼於甲。〔註70〕

另外尚有「招夫養子」和「坐產招夫」兩種情況，寡婦在夫亡之後遺有田產，卻無人照料，故招夫代為管種；或因翁姑年邁、子女幼小，而又家貧不

いか？明清時代の売妻・典妻慣行〉，《中國史学》，1998 年第 8 期，頁 177
至頁 210。

〔註68〕岸本美緒，頁 230。說明：1. 地名根據清代後期的行政區標記 2. 出處欄的數字為《民商事習慣調查報告錄》的頁數。

〔註69〕「招夫」指入贅於寡婦之家而言，起於何時，不得而知，宋代已見相關記載。唐人以「接腳夫人」稱繼室；招夫習俗中，有將入贅於寡婦之家的男子指為「接腳夫」，或由此轉變而來。袁采《世範》亦提及招夫為婚；明人王士晉〈宗規〉則謂：「夫亡無招贅，無招夫養夫。」足見「招夫養夫」，明代即存。不僅夫死可招後夫，即令丈夫在世，亦可「招夫養夫」。詳見陳顧遠，（上海書店出版，1984 年 5 月第 1 版），《中國婚姻史》，頁 110～111。

〔註70〕法政學社編：《中國民事習慣大全》〈第四編婚姻　第十五類典妻及租妻習慣〉，（廣益書局印行，1962 年），頁 143。

能存活，招夫代為事蓄者，故稱之。〔註71〕兩者間的區別在於「招夫養子」不一定有田地房產，而「坐產招夫」一般都有產業。〔註72〕此兩種情況和「招夫養夫」隱涵有「典、賣妻」之情況不同，故不在本論文的討論範圍。

典、賣妻之風俗，越過空間隔閡，衍生出了雇妻、樸妻、招夫養夫等分支。此外，根據《福建省志・民俗》記載：

> 租典者多數因生活貧困，迫不得已將自己的妻子典租出去；也有妻子或寡付租典自己來養家餬口。受租者大多因其久未生育或者獨身窮漢求子嗣而無力婚娶者。租典時，有媒證有契約，一式兩份，一份交給受租典者，一份交給租典者。契約上往往要寫明租典的價格，年限以及受租典期限內不得與原夫同居，所生子女應歸受典者等等條款。租典妻過門，以薄酒謝媒，不舉行儀式。租妻者按期收取租金，到期妻子歸返；典妻者先得典價，典約期滿，要照價贖回。
> 〔註73〕

文中除了指出福建的典、賣妻的現象有幾個特點：除了租典者貧困外、受典者的子嗣需求，租典儀式和契約內容，以及典限備金贖回的方式。因為長時間的歷史演化，典、賣妻的規定更多，形式越多代表此風俗更盛，甚至到了公開化的地步。如同《民事習慣調查報告錄》所載：

> 至典妻之目的，在出典者，則目的在金錢，在受典者則目的有二：
> 一、為自己未婚無力聘妻，則典他人妻作為暫時之計。二、因自己有妻無子，另典他人之妻，為生子延嗣計，或同期內而典二個以上之妻亦恒有之。〔註74〕

「貧窮」與「傳嗣」像是兩條鎖鏈，緊緊的綁在著典、賣妻的風俗上，也緊緊的綑著民眾的無奈。

〔註71〕詳見《民事習慣調查報告錄》中有關各條。相關研究可參考滋賀秀三（著），張建國（等譯）：《中國家族法原理》，（法律出版社，2003 年），頁 496～505。

〔註72〕郭松義：《倫理與生活——清代的婚姻關係》，（北京：商務印書館，2000 年），頁 452～458。

〔註73〕福建省地方志編纂委員會編：《福建省志》，（方志出版社，1997 年），186～187 頁。

〔註74〕前南京國民政府司法行政部：《民事習慣調查報告錄》，（北京：中國政法大學出版社，2000 年），頁 1560。

（二）福建之相關典、賣妻案例

嘉慶四年（西元 1799 年）發生於福建的一宗賣妻案例：

> 嘉慶時，福建長汀人蘭貴隴，娶妻吳氏。吳氏結婚時 17 歲，與蘭
> 貴隴堂兄蘭應隴通姦，被丈夫發現，就以貧窮為名，托媒婆鄧邱媽
> 出賣吳氏。媒婆找到王思封，王出彩禮番銀 50 元，蘭貴隴寫立婚
> 書，收清財禮，這時吳氏 20 歲。但是蘭應隴從中作梗，殺死王思
> 封。〔註 75〕

從中可見，因賣妻而引發的糾紛，不只是金錢，更可能是身家性命。此
事件中妻子犯錯後，被丈夫任意嫁賣，是夫權的展現。冰人則是在買賣中穿
針引線、媒合雙方，跨過律令的界線，行犯罪之實。由此契書可知，縱使「貧
窮」是典、賣妻的主因之一，但，也極有可能「貧窮」是被利用的原因。汪毅
夫學者指出：其妻吳氏的售價為番銀 50 元，可以價值不菲。此一售價當與吳
氏年經（這時吳氏 20 歲）有關。〔註 76〕

女子沒有人身權利，賣妻的現象是女子社會地位之低最真實的反應之一
〔註 77〕。妻子被當為買賣標的物，將嫁娶視同為買賣來交易，在契約文書中
清楚的呈現出當時的社會現況，卻不是法律所能夠規範。根據劉翠溶的研究
指出：

> 有些族譜也記載婦女再嫁事實上，婦女再嫁不只是婚姻市場需要
> 也是無經濟能力又不能得到家族支持的寡婦最現實的選擇；何
> 況，在清代已有人利用婦女再醮而做出犯罪的行為，也值得注意。
> 〔註 78〕

婦女無法自食其力，必須依存於家庭之中。因此婦女的婚嫁、改嫁、典
賣以及再醮，不只是單純的婚姻問題，更是嚴峻的生存需求。以下是一紙館
藏於福建壽寧縣檔案的賣妻契約〔註 79〕，其文曰：

〔註 75〕中國第一歷史檔案館檔案，內閣全宗‧刑科題本‧婚姻類‧嘉慶四年第 105
　　　　包。引自馮爾康：《古人生活剪影》，（北京，中國社會出版社，1999 年 1 月
　　　　版），頁 23。
〔註 76〕汪毅夫：《閩臺婦女史研究》，（福州市：海風出版社，2011 年），頁 140。
〔註 77〕馮爾康：《古人生活剪影》，（北京：中國社會出版社，1999 年 1 月版），頁 25。
〔註 78〕劉翠溶：《明清時期家族人口與社會經濟變遷》，（臺北市：中央研究院經濟研
　　　　究所，1992 年 6 月），頁 56。
〔註 79〕福建省寧壽檔案館藏，編號 023。

立再醮婚書契黃阿贊娶妻龔氏招琴，現年四十歲，未生男女。奈因家下貧窮，衣食生活難度，不（得）已於（與）妻招琴相議，托媒再醮，轉配婚與陳世榮兄為妻，結為百年鸞鳳，秦晉之婚，茲今憑媒三面議做禮金法幣十元正，即日筆下親收足訖，未少分文，其婚書自成立之後，任憑陳邊（方）迎娶，結為百年夫妻，黃邊（方）永不得異言。惟願陳邊（方）再添子生枝，茂盛長發以其詳。立婚書為據。即日親手過婚書內禮金法幣十元正再照。

中華民國貳拾柒年八月吉日立婚書

黃阿贊

在見○○○

媒人○○○

代筆○○○

西元 1938 年之契書所言，黃阿贊與妻龔氏結縭已久，妻年屆四十而未有所出，古者有云：不孝有三，無後為大。但從契書中所知，無子非賣妻主因。真正壓垮黃阿贊的是——「貧窮」。故黃寧可將妻子轉嫁他人，拆嫁求生，而自己一人孤單終老。

窮困已極的黃阿贊膝下無子，將妻子「轉配婚」給陳世榮後，理論上再無能力娶妻，所得銀兩也只能救急不救窮。俗語說：人生三大不幸——幼年喪父、中年喪妻、老年喪子，黃阿贊中年喪失了可以一同走人生路的妻子龔氏，年老也沒有子女可以盼望與依靠，爾後黃阿贊所必須要面對是的漫長且孤獨餘生，在寂寞中逐漸老去。台灣俗諺：中年失妻，親像三歲囡仔無老爸。〔註80〕其悲痛無助之情，感同身受。

台灣與福建同屬於閩南文化圈，清初以來台灣特殊的社會背景，對變例婚姻的形成，提供了溫床。以下針對近代的臺灣的情況進行說明。

第二節　清初以來之臺灣社會

移墾社會的初期急需大量的勞動人口，易造成人口性別比例不均的現象，然受限於台灣海峽地理空間的阻隔、社會政策的規定，以及根深蒂固的重男

〔註80〕陳主顯：《台灣俗諺語典·卷五婚姻家庭》，（台北：前衛出版社，2000 年），頁 434。

輕女觀念，使得清代台灣人口比例不均的問題相當嚴重。再加上原本重利重財的論婚現象，使得婚姻問題雪上加霜，而變例婚姻便順勢盛行。

一、禁止攜眷來臺

　　清康熙二十二年（西元 1683 年）清軍平定台灣後，清廷在翌年即解除「申海禁令」，但施琅以鞏固海防為由，在其「論開海禁疏」中主張嚴加限制，以防臺島奸徒與海上鄭氏的餘眾勾結。而清廷頒布的「渡海禁令」，其中一條為「限制搬眷」：即渡台者不准攜家帶眷屬；業經渡臺者，亦不得招致。使得明鄭以來男多女寡的社會情況，更惡化。〔註81〕

　　此種政策因素，提高了婚娶的困難度。因男多女寡，物以稀為貴，娶妻的費用更是水漲船高。廖風德〈清代台灣婚約中反映之婚制〉曾論及：

> 清代台灣初期的婚姻論財，部分論者以為此種不以對方人才為選擇標準，而以對方財產多寡或家境貧富為優先條件的婚姻行為，即為講究繁文縟節的排場，不惜大量浪費金錢的婚姻禮儀，實與社會重視財富的觀念和習俗所使然，至於社會風氣重視財富，則是移民社會的居民生計艱難，生活較貧困的緣故。〔註82〕

　　由於政令禁止攜眷、成婚費用龐大、以及富人一妻多妾的現象，在台灣寡婦再醮，或是蓄婢為妾、典賣妻妾等的變例婚姻，便逐漸盛行於中下階層的庶民社會中。窮苦男子無力娶妻，進而尋求另一種管道成婚，以達延續宗嗣的目的。

〔註81〕 莊金德：〈清初嚴禁沿海人民偷渡來臺始末〉，《台灣文獻》第三期 1964 年第十五卷），頁 2。有關清政府對台灣實行禁止偷渡和攜眷政策實施於何時，近來歷史學者提出不同莊金德先生的看法。楊熙先生在其《清代台灣：政策與社會變遷》頁 69 中曾論及：「施琅不曾嚴限移民入臺，否則，清初治臺各官守的招徠政策就毫無意義可言了，更不會有『內地入籍者亦眾』或『流民歸者如市』的現象了。」（臺北：天工書局，1985）。鄧孔昭先生在其〈清政府禁止沿海人民偷渡臺灣和禁止赴臺者攜眷其對臺灣人口的影響〉，《台灣十年研究》頁 351 中認為：「清政府禁止沿海人民偷渡臺灣和攜眷的政策，不是始於康熙二十三年），最早只能從康熙四十一年算起。」由於此政策對於清代台灣早期的人口比例雖是主要影響原因，然於康熙二十三年或康熙四十一年實施並不影響本文的論述，故暫採莊金德先生的說法。

〔註82〕 莊金德：〈清代台灣的婚姻禮俗〉，（《臺灣文獻》第三期 1963 年第十四卷），頁 28～31。

二、人口性別失衡

由於清廷長期封鎖台灣，禁止婦女渡海來台，此種政治制約的結果使結婚數倍困難於中國大陸，雖然早先進居平地的平埔族婦女，可作為移居者為結婚對象，仍然無法緩和結婚困難的現象。當時情形到處出現沒有成家人民的村落或都市。佃農或農人沒有娶妻的人中有七、八人，下級公務員未成婚的十人中僅佔二、三人，無職業者，千百人中成家的沒有一人。〔註83〕情形相當嚴重，以下針對清代到日據時期，呈現臺灣人口比例數據，凸顯男多女寡的社會樣貌。

（一）清代時期性別比例失衡嚴重

清康熙二十二年（西元 1683 年）六月，清將施琅率軍攻克澎湖〔註84〕，開啟了臺灣的清代時期。從《臺灣府志》「康熙二十八年（西元 1689 年）臺灣府屬民口數」〔註85〕，可以看出全臺灣各地的男性數量的確高於女性。

表 3　康熙二十八年（西元 1689 年）臺灣府屬民口數

編號	行 政 區 別	民口數	備　　　註	
1	臺灣府（扣除澎湖）	30,229	男子 16,274	婦女 13,955
2	臺灣縣（扣除澎湖）	15,465	男子 8,579	婦女 6,886
3	鳳山縣	6,910	男子 3,496	婦女 3,414
4	諸羅縣	7,853	男子 4,199	婦女 3,650

資料來源：《臺灣府志》

將上述資料進行人口比例換算，可以看出。如果以女性為比例 1，男女比例則是 1.02～1.25：1，而總平均為 1.15：1 詳如下表。人口性別不均顯而易見。

〔註83〕金關丈夫編、林川夫編譯：《民俗臺灣》，第一輯，（臺北：武陵出版社，1990年），頁 35。

〔註84〕臺灣銀行經濟研究室編印：臺灣文獻叢刊第一六五種《清聖祖實錄選輯》〈康熙二十二年六月二十九日〉，（臺北市：臺灣銀行經濟研究室，1963 年），頁 124。

〔註85〕蔣毓英：《臺灣府志》，（北京：中華書局，1985 年 5 月），頁 139～142。

表4　康熙二十八年（西元1689年）臺灣府屬民口數男女比例

編號	行　政　區　別	男　女　比　例
1	臺灣府（扣除澎湖）	1.17：1
2	臺灣縣（扣除澎湖）	1.25：1
3	鳳山縣	1.02：1
4	諸羅縣	1.15：1
總平均		1.15

此外，康熙三十三年（西元1694年）所編的《台灣府志》亦云：

> 然統臺郡三邑之民計之，共一萬六千餘丁，不及內地一小邑之戶口；
>
> 又男多女少，匹夫猝難得婦，生齒奚能日繁？〔註86〕

渡台初期，臺灣人口既少且比例不均，羅漢腳眾多、婚娶困難，已然成為社會問題。康熙五十六年（西元1717年）之《諸羅縣志》云：

> 男多於女，有邨庄數百人而無一眷口者。蓋內地各渡津，婦女之禁既嚴，娶一婦動費百金，故庄客佃丁，稍有贏餘者復其邦族矣。或無家可歸，乃此置室，大半皆再醮遺妾出婢也。〔註87〕

婦女人數少，成婚費用水漲船高，貧困男子只得另圖他法，進而衍生出變例婚姻。由於女孩不足，加以南部地方用來當女婢的婦女，頻頻從廈門來的貿易商人轉運島外。女婢身價看漲，一般婦女更不在話下。同理，初婚者或未婚者身價比再婚者更高。再婚的情形也被逼節節高升，諸羅縣誌中指摘夫婦中再婚女子佔大半，便是有力依據〔註88〕。

時至雍正六年（西元1728年），藍鼎元陳「經理臺灣疏」中可以看出性別比例的問題依舊：

> 統計臺灣一府，唯中路台邑所屬，有夫妻子女之民，自北路諸羅、彰化以上，淡水、雞籠山後千有餘里，通共婦女不及數百人；南路鳳山、新園、瑯橋以下四、五百里，婦女亦不及數百人。〔註89〕

〔註86〕高拱乾纂修：《台灣府志》，（臺北：臺灣銀行經濟研究室，1960年），頁94～95。

〔註87〕周鍾瑄主修：《諸羅縣志》，（臺北：台灣銀行經濟研究室，1961年），頁292。

〔註88〕林川夫：《民俗台灣》第二輯，（武林出版社，1990年2月），頁35。

〔註89〕藍鼎元：《平台紀略》（臺灣文獻叢刊第一四種）〈附錄‧經理臺灣疏〉，（臺北：臺灣銀行經濟研究室，1958年），頁67。對於藍鼎元所論及的男女比例問題，尹章義教授曾於〈清代台灣婦女社會地位〉頁38中論及：「南北

移民社會的人口結構泰半男多於女，這種現象，在臺地尤其嚴重。臺灣
諺語「存查甫，無存查某」：有討不到老婆的男子，斷無嫁不出去的女子。
無妻子、家室不僅導致臺民輕生好鬥，為亂事滋生的根源之一，而且造成許
多倫理結構的歪風。〔註90〕此外，從移民社會階段，進入定居社會以後，
人口增長以自然增長為主，人口性別失調的情況漸改，於是溺棄女嬰之風、
禁錮婢女之風亦漸長。由此又引發新一輪的人口比例失調及相關的其他社
會問題〔註91〕。男女比例失衡的現象，除了嚴重影響清代台灣的婚姻制度，
更加重財婚現象的惡化。

臺灣這種重視聘金的狀況與歷史的發展當然有密切的關係。臺灣在乾隆
五十三年（西元1788年）陝甘總督福康安奏請廢止攜眷禁令後，臺灣原本失
衡的男女比例，逐漸拉平，在此前後，婦女所遭遇的問題顯有不同：在此令
廢止之前，男多女少，娶漢婦十分困難，聘金自然要求很高；等到此令廢止
後，人口逐步平衡，婦女逐漸增多，然而厚嫁與逐漸拉大的貧富差距，使得
無論貧者與富者會產生嫁妝與聘金的困擾。〔註92〕關於聘金高低與成婚難易
的問題，筆者將於第五章說明。

（二）日據時期性別比例失衡趨緩

西元1895年甲午戰爭後，臺灣進入了日據時代，男女比例的問題，是否
已經改善？根據陳紹馨先生的研究：

> 清代末期，性比例雖已大為平均，但在日據初年，男人比婦女還是
> 多兩成，據日人1896年的初步人口調查，台灣人的性比例是100個
> 婦女對119.04個男人。〔註93〕

如上所述，換算之後得知，西元1896年男女比例為：1.1904：1。對比康

兩路兩性比例固然失衡，決不至於像藍鼎元所指陳的如此懸殊。不過南北
兩路兩性比例懸殊的情況超過台灣縣，或許是比較合理的推測。」其並舉
當時少數族譜為例，認為「婦女不及數百人」是「過甚其詞，誇張了兩性
比例的懸殊。」，（《歷史月刊》第二十六期1990年）。

〔註90〕江寶釵：《臺灣古典詩面面觀》，（巨流圖書有限公司，2002年3月初版二刷），
頁184。

〔註91〕汪毅夫：〈閩台婦女史研究三題〉，（漳州師範學院學報·哲學社會科學版24
卷3期，2010年09月），頁103。

〔註92〕耿慧玲：〈禁錮婢女碑與清代臺灣婦女地位研究〉，（《朝陽學報》13期2008年
09月），頁325。

〔註93〕陳紹馨：《臺灣的人口與社會變遷》，（臺北：聯經出版社，1979年），頁169。

熙二十八年（西元 1689 年）的男女比例 1.02～1.25：1。可以看出，人口比例的問題到了清末、日據初，並未改善。

　　日據初，日本官方為了方便統治，多方的收集臺灣的資訊。根據明治 33 年（西元 1900 年）「本島現住戶數及人口」〔註 94〕的統計。調查的地點包含了臺灣本島各地，及澎湖；調查的人員包含內地人（留臺的日本人）以及本島人（臺灣本地居民）。由下表可知：無論是內地人還是本島人，同樣的男多女少。

表 5　明治 33 年（西元 1900 年）「本島現住戶數及人口」

戶數	內地人／本島人	男	女
台北	內地人	10108	6090
	本島人	151241	126882
基隆	內地人	3243	1893
	本島人	53679	42620
宜蘭	內地人	754	380
	本島人	54148	46502
深坑	內地人	144	35
	本島人	22130	18001
桃子園	內地人	331	231
	本島人	98459	84455
新竹	內地人	957	612
	本島人	84013	72777
苗栗	內地人	518	329
	本島人	66781	61247
台中	內地人	1723	976
	本島人	101896	83595

〔註 94〕臺灣慣習研究會：《臺灣慣習記事（中譯本）第貳卷下》，（臺灣省文獻委員會，1997 年再版），頁 141。
　　　附記 1：在本表中含有番社現住戶口，不含住在本島之軍隊人員。
　　　附記 2：將之於三十二年（按為明治）末日之現在數比較，即在戶數，內地人（日本人）增加為五千四百五十六，本地人減少五千五百九十一，在人口，內地人增加男四千三百七十八人，女四千六百二十六人，本島人，增加男三萬九千三百三十一人，女五萬一千四百五十七人。

戶數	內地人 / 本島人	男	女
彰化	內地人	595	310
	本島人	145425	118415
南投	內地人	206	117
	本島人	29056	27756
嘉義	內地人	776	402
	本島人	114854	96042
臺南	內地人	2981	2034
	本島人	99661	83607
蕃薯寮	內地人	185	58
	本島人	21419	20268
阿猴	內地人	365	131
	本島人	81812	74587
鳳山	內地人	1118	561
	本島人	92284	80786
恆春	內地人	198	77
	本島人	7805	7154
斗六	內地人	827	337
	本島人	107453	92117
臺東	內地人	454	192
	本島人	8987	7900
澎湖	內地人	598	439
	本島人	26587	26527
鹽水港	內地人	589	152
	本島人	136429	113288
總計	內地人	26770	15354
	本島人	1504107	1284526

資料來源：《臺灣慣習記事》

　　以人口總計來看：內地人（日本人）男性 26770 人、女性 15354 人，本島人（台灣人）男性 1504107 人、女性 1284526 人。經筆者計算，內地人的平均男女比例為 1.74：1。本島人的平均則為 1.17：1。以本島人（台灣人）

來看，男女比例接近的是「澎湖」1：1，比例差距最多是「基隆」1.26：1，而日本人（內地人）在臺灣某些地區的男女比例失衡的更加嚴重，最高到了4.11：1的程度，如下表：

表6　明治33年（西元1900年）「本島現住戶數及人口」男女比例

戶　數	內地人／本島人	男女比例
台北	內地人	1.66：1
	本島人	1.19：1
基隆	內地人	1.71：1
	本島人	1.26：1
宜蘭	內地人	1.98：1
	本島人	1.16：1
深坑	內地人	4.11：1
	本島人	1.23：1
桃子園	內地人	1.43：1
	本島人	1.17：1
新竹	內地人	1.56：1
	本島人	1.15：1
苗栗	內地人	1.57：1
	本島人	1.09：1
台中	內地人	1.77：1
	本島人	1.22：1
彰化	內地人	1.92：1
	本島人	1.23：1
南投	內地人	1.76：1
	本島人	1.05：1
嘉義	內地人	1.93：1
	本島人	1.20：1
臺南	內地人	1.47：1
	本島人	1.19：1
蕃薯寮	內地人	3.19：1
	本島人	1.06：1

戶　數	內地人／本島人	男女比例
阿猴	內地人	2.79：1
	本島人	1.10：1
鳳山	內地人	1.99：1
	本島人	1.14：1
恆春	內地人	2.57：1
	本島人	1.09：1
斗六	內地人	2.45：1
	本島人	1.17：1
臺東	內地人	2.36：1
	本島人	1.14：1
澎湖	內地人	1.36：1
	本島人	1.00：1
鹽水港	內地人	3.88：1
	本島人	1.20：1
總計	內地人	1.74：1
	本島人	1.17：1

　　日人佔領台灣，形成了另一種移居社會。而日人的男女比例差異極大，顯示日人只派遣男性來管理台灣，並無長治久安之計。

　　再則，西元 1915 第二次臨時臺灣戶口調查民國四年（大正四年）〔註95〕的資料，可見男女的比例逐漸接近，甚至澎湖地區的女性人數，已然超越男性。

表 7　西元 1915 第二次臨時臺灣戶口調查

行政區編碼	行 政 區	本 島 人		
		合計	男	女
	總人口數	3,325,456	1,721,561	1,603,895
		95.57%	49.48%	46.09%
1	臺北廳	459,254	240,030	219,224
		13.20%	6.90%	6.30%
2	宜蘭廳	140,103	73,243	66,860
		4.03%	2.10%	1.92%

〔註95〕日治時期戶口調查資料庫：http://www.rchss.sinica.edu.tw/popu/index.php#

行政區編碼	行 政 區	本 島 人		
		合計	男	女
3	桃園廳	228,688	117,539	111,149
		6.57%	3.38%	3.19%
4	新竹廳	320,920	161,732	159,188
		9.22%	4.65%	4.57%
5	臺中廳	579,726	302,336	277,390
		16.66%	8.69%	7.97%
6	南投廳	122,810	64,903	57,907
		3.53%	1.87%	1.66%
7	嘉義廳	552,505	289,560	262,945
		15.88%	8.32%	7.56%
8	臺南廳	545,609	282,272	263,337
		15.68%	8.11%	7.57%
9	阿緱廳	252,067	127,851	124,216
		7.24%	3.67%	3.57%
A	臺東廳	34,824	17,823	17,001
		1%	0.51%	0.49%
B	花蓮港廳	33,114	17,856	15,258
		0.95%	0.51%	0.44%
C	澎湖廳	55,836	26,416	29,420
		1.60%	0.76%	0.85%

資料來源：日治時期戶口調查資料庫

　　進入了 20 世紀，從上表資料可知男女人數仍是男多女少，換算比例如下：

表 8　西元 1915 第二次臨時臺灣戶口調查男女比例

行 政 區		合計	男	女	男女比例
總人口數		3,325,456	1,721,561	1,603,895	**1.07：1**
1	臺北廳	459,254	240,030	219,224	1.09：1
2	宜蘭廳	140,103	73,243	66,860	1.10：1
3	桃園廳	228,688	117,539	111,149	1.06：1

行　政　區		合計	男	女	男女比例
4	新竹廳	320,920	161,732	159,188	1.02：1
5	臺中廳	579,726	302,336	277,390	1.09：1
6	南投廳	122,810	64,903	57,907	1.12：1
7	嘉義廳	552,505	289,560	262,945	1.10：1
8	臺南廳	545,609	282,272	263,337	1.07：1
9	阿緱廳	252,067	127,851	124,216	1.03：1
A	臺東廳	34,824	17,823	17,001	1.05：1
B	花蓮港廳	33,114	17,856	15,258	1.17：1
C	澎湖廳	55,836	26,416	29,420	0.90：1

　　性別比例，除了澎湖縣的人口女多於男之外，其他地區已經漸趨於平衡。其中差距最大的區域為後山「花蓮港廳」1.17：1，推估地理位置也是影響因素之一。而 1915 年台灣男女人口比例總平均為 1.07：1，對比表 4 清初康熙 28 年（西元 1689 年）時的男女比例總平均 1.15：1，顯示出性別比例問題已逐步改善。

　　三則，西元 1926 年「昭和元年臺灣第二十二統計摘要」[註96] 常住人口中的數據如下：

表 9　西元 1926 年「昭和元年臺灣第二十二統計摘要」

	男	女	合計
臺北	434,660	395,190	829,850
新竹	308,100	299,091	607,191
臺中	447,216	425,347	872,563
臺南	531,723	504,619	1,036,342
高雄	299,371	288,877	588,248
臺東	22,553	20,767	43,320
花蓮港	31,792	26,827	58,619

資料來源：中央研究院台灣史研究所臺史所臺灣研究古籍資料庫

〔註96〕中央研究院台灣史研究所臺史所臺灣研究古籍資料庫。臺灣總督官房調查課編：《昭和元年・臺灣第二十二統計摘要》，（臺北市：臺灣總督官房調查課發行，1927 年），頁 22～23。

　　距離西元 1915 年的「第二次臨時臺灣戶口調查」又過了 11 年，西元 1926年的資料中顯示，性別比例總平均為 1.08：1，和先前差距不大。而上次調查中差距最大的後山「花蓮港」，在此次調查中，持續拉高差距，從 1.17：1 升高到了 1.19：1，分析如下：

表 10　西元 1926 年「昭和元年臺灣第二十二統計摘要」男女比例

	男	女	合計	男女比例
臺北	434,660	395,190	82,9850	1.10：1
新竹	308,100	299,091	607,191	1.03：1
臺中	447,216	425,347	872,563	1.05：1
臺南	531,723	504,619	1,036,342	1.05：1
高雄	299,371	288,877	588,248	1.04：1
臺東	22,553	20,767	43,320	1.09：1
花蓮港	31,792	26,827	58,619	1.19：1
總平均				1.08：1

　　最後，參照「臺灣之人口」[註97] 的調查，在 1930 年和 1949 年的資料顯示，女性中「未婚」的比例遠低於男性；而女性「離婚」的比例，一百人都還沒有一人，是屬於比例最低的項目。代表女性在當時依舊在人口比例中屬於少數。資料如下：

表 11　臺灣 1930 年及 1949 年婚姻組成

婚姻狀況	1930				1949			
	男		女		男		女	
	人數	%	人數	%	人數	%	人數	%
未婚	425,627	30.28	203,546	15.34	767,934	34.75	564,638	26.3
有配偶	885,675	63.01	883,165	66.55	1,139,008	59.7	1,303,180	60.71
喪偶	76,804	5.47	229,977	17.33	111,227	5.03	267,296	12.45
離婚	17,456	1.24	10,432	0.78	11,432	0.52	11,492	0.54
共計	1,405,562	100	1,327,120	100	2,029,601	100	2,146,606	100

資料來源：《臺灣之人口》

〔註97〕臺灣銀行金融研究室編印：臺灣研究叢刊第九種《臺灣之人口》，（臺北：中華書局，1951 年），頁 17。

根據上方資料計算如下表：在 1930 年（昭和 5 年）總人口數男比女多，大概是 1.06：1，性別比例明顯看出已經逐年下降。從未婚人數來看，未婚男女比例是 2.09：1 屬於最高。成婚的困難度，清晰可見。西元 1949 年性別比例首次女性大於男性為 0.95：1，而未婚比例 1.36：1，亦大幅下降。由此可知，光復後的台灣已完全擺脫清初以來，因政令所造成的人口問題。

表 12 臺灣 1930 年男女比例

婚姻狀況	1930				男女比例
	男		女		
	人數	%	人數	%	
未婚	425,627	30.28	203,546	15.34	2.09：1
有配偶	885,675	63.01	883,165	66.55	1.00：1
喪偶	76,804	5.47	229,977	17.33	0.33：1
離婚	17,456	1.24	10,432	0.78	1.67：1
共計	1,405,562	100	1,327,120	100	1.06：1

資料來源：《臺灣之人口》

表 13 臺灣 1949 年男女比例

婚姻狀況	1949				男女比例
	男		女		
	人數	%	人數	%	
未婚	767,934	34.75	564,638	26.3	1.36：1
有配偶	1,139,008	59.7	1,303,180	60.71	0.87：1
喪偶	111,227	5.03	267,296	12.45	0.42：1
離婚	11,432	0.52	11,492	0.54	0.99：1
共計	2,029,601	100	2,146,606	100	0.95：1

資料來源：《臺灣之人口》

以下統整上述文獻資料中，臺灣地區從清代到日據的男女人口總比例：

1. 西元 1689 年（清康熙二十八年）：臺灣府屬民口數 1.15：1
2. 西元 1900 年（明治三十二年、光緒 26 年）：本島人的男女人口平均 1.15：1

3. 西元 1915（大正四年）：第二次臨時臺灣戶口調查 1.07：1

4. 西元 1926 年（昭和 1 年）：常住人口 1.08：1

5. 西元 1930 年（昭和 5 年）：臺灣之人口 1.06：1

6. 西元 1949 年（臺灣光復後、民國 38 年）：臺灣之人口 0.95：1

清初的海禁政策一直到清末日據初，性別比例上呈現男多女少的情況。日據開始後時至臺灣光復，原本失衡的男女比例才逐步恢復正常。根據筆者收集到了資料，從西元 1689 年（康熙 28 年）～西元 1949 年（民國 38 年），這過程中經過了 260 年的時間。政策的影響，遠超乎想像，而這段期所造成的成婚困難，社會所付出的成本，衍生的婚姻亂象卻是始料未及的。

（三）衍生之變例婚姻

由於滿清政府長期封鎖台灣，隨著也禁止婦女渡海來台，這種政治制約的結果使結婚困難數倍於中國大陸，雖然早先進居平地的平埔族婦女，可供移殖者為結婚對象，但仍然不能緩和結婚困難的現象，〔註98〕不孝有三，無後為大。面對男女比例失衡的成婚困難，失衡的性別比例也造成了失衡婚姻現況，使得變例婚姻現象橫生。

其中也包涵「典、賣妻」風俗，只要有相同的滋養土壤，千里之外的台灣亦發現此現象。中國學者所書寫的《典妻史》一書中也提到臺灣的情形，內容所言，將女子當作物品抵押給其他人，做為應急之舉。當時娶妻不易，聘儀昂貴，因此對方也願意接受這種方式抵債：

> 在臺灣，也有典妻的民俗。……當時，有的男人因為負債，一時還不起債務，在無計可施的情況下，採用典妻這種屈辱羞恥的做法，將自己妻子典押給債主或其他願借錢替他還債的男人。要立下契約，規定典押和借用金額，時間有三年、五年甚至十年的。〔註99〕

貧窮是導致典、賣妻風俗的主因，而以「婦女」當作金錢抵押品，將其放在同一個天平上衡量。進入日據時代後，日人對於台灣的風俗觀察記錄愈多，而能參考之文獻也倍增。《台灣民族性百談》也有敘述：

> 租借妻子和租借土地一樣，要先確認契約書。其價格的多寡，依據女性的外貌為標準。一年有的十元，或是三十元、五十元，甚至也

〔註98〕林川夫：《民俗台灣（第二輯）》，（武陵出版社，1980 年 2 月），頁 35。

〔註99〕葉麗婭：《典妻史》，（上海：文藝出版社，2000 年），頁 54。

有到一百元，沒有一定的標準。租賃的期間長多、價格高低不同，
有的一年、或三年、或三五年，沒有一定，典夫將相關金額及和期
限，書寫成契約書。〔註100〕

　　如同《臺灣風俗誌》所載，台灣人的婚姻，下層社會的婚姻儀式則甚簡
略，而亦不無買賣結婚的實情：有人將自己太太典給他人，或以身價銀收據
來代替婚書。〔註101〕。民眾在貧窮與求嗣之間尋找出路。此外，台灣總督
府進行台灣的各種舊慣調查，其中《臺灣慣習記事》〔註102〕中亦提及台灣
的「典、賣妻」風俗，而且已經是「舊慣」：

　　本島（臺灣）之風俗。若典當童男童女，一點也不稀奇甚至連其妻
　　室也典當，若是買賣則其價錢是相當高的，典當到底不如買賣的價
　　錢那樣高，可以來通融金錢，典當妻室只是一時可得到小數額的金
　　錢融通而已，其期限總是不超過六個月以上。〔註103〕

　　買賣妻妾之價格高於典妻，正式迎娶之聘金其數更高於此。買（典）賣
雙方各取所需：貧困求金、傳宗求子。此種作法不僅違法，更無夫妻之情。生
存環境窘迫使然，導致事件不斷上演，連公開的報紙皆有刊登：

　　關於租妻的風俗……最近的報紙雜誌上，時常可以看到出現爭議。
　　為了金錢而將妻子租人、解除了燃眉之急卻忘了雙方的恩情，將妻
　　子出租，這種遊走在法律暗處交易。〔註104〕

〔註100〕 山根勇藏：《台灣民族性百談》，（臺北：南天書局，1930），頁234。此の人
　　　　たちにして家室を得ようと思へば、租借する途がある。貸借をするものは、
　　　　田地を抵當に取るとか同じやうに、契約書を認めねばならぬ。其の價額の
　　　　多寡は、女の容色を標準とする。一年或は十元、或は三十元、五十元、或
　　　　は百元といふもあつて、一定しては居ない。其の期限の長短は、金額の高
　　　　低によって決せられるので、或は一年、或は二年、或は三五年、一樣では
　　　　なく、承租者はなに相當する金錢と、其の契約書を受取って置くのである。
〔註101〕 〔日〕片岡巖，陳金田譯：《臺灣風俗誌》，（臺北：眾文圖書有限公司，1994
　　　　年5月二版三刷），頁14。
〔註102〕 臺灣慣習研究會原撰、劉寧顏主編、臺灣省文獻委員會譯編：《臺灣慣習記
　　　　事（中譯本）》〈第一卷第十一號〉，（南投縣：臺灣省文獻委員會，1984年），
　　　　頁204。
〔註103〕 臺灣慣習研究會原撰；劉寧顏主編；臺灣省文獻委員會譯編：《臺灣慣習記
　　　　事（中譯本）第壹卷下》，（台中：臺灣省文獻委員會，1984年6月），第十
　　　　一號，頁204。
〔註104〕 山根勇藏：《台灣民族性百談》，（臺北：南天書局，1930），頁231。それか
　　　　ら妻の賃貸借の風習であるが、今はそうな蠻風は決して殘って居ないと

　　從清初因政令而造成性別比例問題，以及貧困求金、傳宗求子的生存需求，此情況到了日據時期依然未解，種種因素導致臺灣的典、賣妻風俗著床生根。以下針對筆者收集到的台灣契約文書進行比較說明。

言って仕舞ひたいのは山々であるが、どうも斷言は出來ないやうであるのを、甚だ遺憾とする 時折新聞雜誌の記事などにそれと、首肯かれるやうな爭ひのあるのを、往々見受けることがある。金に詰って妻を質入れして、急場を救って貰った恩義を忘れて、妻を質入れする時は、こつそり法律の裏をくぐって置きながら、之を取り戻さうとする時は、公然法律の表で行かうとする。

第三章 從契約文書分析臺灣典、
賣妻現況

　　在封建社會中，女性依附於家庭之中，在家從父、出嫁從夫，家庭之中
最重要的任務便是傳宗接代之職，亦是女性最重要的任務。貧困百姓仍有
成婚的需求、有子嗣的需求，但迫於家貧如洗，女性便被當作物品典、賣予
人。

　　在臺灣的舊俗中，婚姻關係一般可分兩類——明媒正娶的正式婚姻（也
稱嫁娶婚，通常毋須訂立婚約），與非明媒正娶的變例婚姻；後者通常須立下
婚約書，明文約定男女雙方的權力義務關係。通常不須依「六禮」程序進行，
即使遵循也較簡單，俗稱「小娶」。〔註1〕

　　五穀不登的凶年，流民面黃肌瘦而拆嫁逃生，莫不悲痛。基於現實的考
量，此一情況在歷代律法中皆有禁止，但是此風俗依然殘存於社會中。此種
非明媒正娶的變例婚姻，不只存在於清代臺灣社會，日治時期乃至戰後仍舊
流行於台灣，以下茲就契約文書中的內容進行比較說明。

第一節　臺灣典妻契約文書

　　自古女性無自主之權，丈夫可以隨意將妻子、女兒、家族中的年輕女性

〔註1〕洪麗完：〈「鸞鳳和鳴」——清代社會史資料拾遺之一〉，〈《台灣史田野研究通
　　　訊》第 18 期 1991 年），頁 52；廖風德，〈清代臺灣婚約中反映之婚制——清代
　　　臺灣農村制度之二——，〈《政大歷史學報》第 5 期 1987 年），頁 57～95。

通過典、雇、質、賣的行為，將女性視同商品進行買賣〔註2〕，依附在家庭中的女性，不只是「身體」連「想法」亦失去自主權，被視同商品一般，成為生財的工具。

女子人口買賣的契約行為，呈現當時社會經濟型態的某些面向（如家貧而賣女典妻），同時也反映出傳統社會被賣妻婦（如以久婚不孕、生活無度等理由被迫再嫁），是將女子以妻為貨的物化現象〔註3〕。換言之，民間的契約文書之分析，討論人口買賣契字背後所呈現的社會生活，以期進一步探討清末日據時期臺灣社會的問題。

下列一則招夫養夫的契書，如前所述，招夫養夫是典妻的一種形式。時空發生在臺灣清末時期，當時貧病交迫之下，只得招夫以維持生計。

> 立招夫養夫字人王運發，前有娶過李三之女為妻，名叫秀涼，今年二十歲，相住經已四年。秀涼平日奉養翁姑，極其孝順，治家亦鮮聞交謫之聲；娶婦如斯，殊可安心。奈近年來運發身染廢疾，四體不能如人，兼以家下清苦，費用弗贍，告貸無門，雖貧非死人，而思以不孝有三，則青春不再，嗣續終望何人，故夫妻日夜計議，實無別法，欲保其貞節，一家數口難為無米之炊。惟有招夫養夫，庶為萬全，爰托冰人議婚，與吳九生官之長男錦文者登門進贅，成為夫妻，即日面約不願收其聘金，惟每月須貼月費二十元正，為作需用之資。日後生子傳孫，不論多寡，俱為兩家奉祀。此係二比甘願，各無怨悔，口恐無憑，即立招夫養夫字壹紙，付執為炤。

> 同治八年三月　日　　　　　　　　　　　代書人鄭如水
> 　　　　　　　　　　　　　　　　　　　　為媒人陳徐氏
> 　　　　　　　　　　　　　　　　　　　　場見人王進發
> 　　　　　　　　　　　　王添福立招夫養夫字人王運發〔註4〕

「仰足以事父母，俯足以蓄妻子」為民生的基本需求。

在農村社會中，維持家庭生存與永續傳承的基本條件，第一：要有足以

〔註2〕戴月芳：《台灣的姊姊妹妹》，（台灣書房，2014 年 11 月 01 日），頁 16。
〔註3〕洪麗完：《臺灣社會生活文書專輯》，（臺北：中研院臺史所籌備處，2002 年），頁 33。
〔註4〕台灣銀行經濟研究室編輯：《臺灣私法人事編》，（南投：台灣省文獻委員會，1994 年 7 月），頁 571～572。

維持生計的經濟收入，若有一塊耕作的土地，就等於有生生不息的收入，春耕、夏種、秋收、冬藏，年復一年，能有不盡的收穫；第二：要能傳承家庭的香火，除了上奉父母也要下承子嗣，若有一位賢德的妻子，就等於有了生生不息的子孫，年復一年，螽斯衍慶。

同治八年（西元 1869 年）的契書，王運發請了代書，寫下此痛心的契書，何故？從契書可知，王運發一家：雙親及妻子——秀涼，共四口人，秀涼（20 歲）出嫁從夫、深具婦德，服侍公婆無不周到、極其孝順。但身為家庭經濟支柱的王運發迫於疾病，無法再擁有維持生計的經濟收入，無法再養活一家子人，面臨了急切的生存需求，如何解決這燃眉之急？求生無門之際，下下之策只得將為一值錢的東西——「年輕的妻子」當成物品而典當，招吳錦文進門入贅，改以每月出資貼補家用折抵聘金，一女侍二夫。王運發同時提及奉祀祖先的問題，祖先祭祀在漢人社會為儒家禮儀的實踐，是家族成員的責任。面對現實壓力，王運發盡其所能地安排：祭祀先祖、照顧雙親以及養活妻子與自己的種種事宜。學者蔡玫姿曾提出，招夫養夫是「經濟與性上的三人行」，內容舉文學作品說明之。王禎和〈嫁妝一牛車〉也屬於招夫養夫情境，該文突顯五〇年代鄉村物質貧乏，下層人物的悲窘處境。〔註5〕

招夫養夫並不是光彩的事情，同時也違法，但為了避免日後爭議依然要白紙黑字地寫下契書，請代書、冰人及場見人共同見證。

清末，1897 年日據時期〈臺灣新報〉報紙，也能窺得一點端倪。其中「典妻創聞」〔註6〕一則新聞中寫到：

> 臺灣田園承祖父建置者，有由自己購買者，亦有苟家用缺乏之時，或借或典，相習成風，殊不足怪。至於妻孥，則非田園者比，夫豈有出轉典於人……照田園欵式，託中引得某甲出首承典，明立契書，限年取贖，二比悅從，隨將其妻指交某甲掌管，亦一奇事也。

此內容清楚記載典妻契書是依照田契的形式，而丈夫因缺乏家用將妻子出典予人，約定年限贖回。此事雖然以「創聞」、「奇事」的說法刊登在新聞上，依然代表民間有此情事。此外，〈臺灣日日新報〉也提到「租妻續嗣」

〔註5〕王三慶，陳益源主編：《2007 東亞漢文學與民俗文化國際學術研討會論文集》〈蔡玫姿：典妻、共妻、賣妻小說中的風俗文化與性別主體發聲〉，（臺北市：樂學，2007 年），頁 281。

〔註6〕臺灣新報，第二百五十五號，（明治 30）1897-07-17，版次：01。

〔註7〕，關於租妻的形式皆有詳細的記載其內容有六點：

（一）當付租價洋一百元。以五年為期言明按年租金二十元

（二）倘未滿五年，已能生育者，不論何時，當立將原人送還。決無留
　　　難。所餘租金，作為酬贈。

（三）生育不論男女。均皆有效。決無二言。

（四）已屆五年尚未生育。亦得領回

（五）在租期中出租與入。當與其妻。暫斷關係。禁絕往來

（六）倘遇不測。各聽天命

　　除了聘金、期限約定之外，重點在強調「子嗣」的問題，對於 1919 年，
20 世紀初葉的台灣社會風俗而言：（1）婦女角色仍舊定位於傳嗣（2）民眾的
貧困生活進入日據時代之後，並未獲得明顯的改善。

　　下方另一則新聞提到，民眾的窮困不只是個人的問題，而是廣大群眾皆
如此──「社會生活條件低下」，才是此風俗無法根除的隱憂。「臺南州下海
岸部落　漁村奇窮租妻求生　現待救者一萬三千」〔註8〕：

　　　當時無自力更生能力之貧民數四千三百七十四戶，人口一萬四百二
　　　十七名，其平均生活費每名一個月二圓九十六錢。

　　報紙內容刊登於昭和七年（西元 1932 年），民眾生活壓力巨大，一個
月二圓九十六錢，與實際生活所需費用的落差，對比表 18《舊慣》的調查
（頁 132），下等社會一日平均工資 7、80 錢〔註9〕，相較之下此部落生活
環境更為險惡。於社會的角落中，存在著比政府調查所知更為嚴重的社會
問題。

　　而此契書中，透過招夫養夫的方式組成的「一妻二夫」的家庭模式，王
運發迫於現實、衣食難度，尚要奉養雙親而選擇的方式。王運發此舉雖然違
法，但是在真正的生活面前，道義與情意更顯得蒼白無力。參照明治三十五
年（西元 1902 年）《台灣舊慣研究問答紀錄》〔註10〕，有關於臺灣風俗的記

〔註7〕臺灣日日新報，第六千九百十五號，（大正 8）1919-09-15，版次：04。

〔註8〕臺灣日日新報，第一萬一千六百四十二號，（昭和 7）1932-09-05，版次：
　　　04。

〔註9〕黃秀政、張勝彥、吳文星著：〈第七章、日治時代的政治與經濟〉，《臺灣史》
　　　（臺北：五南，2002 年），頁 192～193。日治之初，臺灣流通的貨幣多達百
　　　餘種，加上大量日幣的流入，換算欠缺固定的標準，幣制極為紊亂。1871 年），
　　　日本廢兩改圓，一圓為一百錢，一錢為十厘，通行全國。

〔註10〕臺灣省文獻委員會：《臺灣慣習記事（中譯本）第貳卷下，第十二號》，（臺灣

載，整理如下：

（一）一妻不能有二夫。若有，則是以通姦問罪。

（二）若如夫病不能自活，妻有扶養之義務。因為成婚後，雙方均有互相扶養義務。

如上所述，在台灣舊慣上婦女「一妻二夫」是違法情事，可依罪論處。在求生無路、求死無門的情況之下，社會底層的男性，以及被物化的女性，被貧窮壓縮了生存空間，進退掣肘、左右為難。因此，典妻、賣妻的男人看似可惡至極，但從另一個角度來看，他其實是整個交易之中的社會最底層，變成「光棍」的最大輸家。因為這些中低階層的人們大概不可能重新擁有得以再娶妻的資產。

第二節　臺灣賣妻契約文書

西元 1895 年日本統治台灣以後，傳統父權文化的制約依舊，同時日本殖民政權卻帶來了新型態的性別支配體制，迫使台灣女性處於殖民者、資本家、父權文化三層支配的框架。〔註11〕隨著時代的推近，婦女的地位、民眾的生活，依然徘徊於底層。

而貼近民眾生活的《臺灣日日新報》，成為研究日據時期不可或缺的材料。其中也不乏出現相關賣妻報導：明治 41（西元 1908 年）赤崁秋帆／販賣妻子〔註12〕、明治 43（西元 1910 年）汕頭短信／賣妻鬻子〔註13〕、明治 44 年（西元 1911 年）宜蘭通信／變賣妻子〔註14〕等，此等資料相當值得重視。

阮玉如《清代台灣婚姻禮俗研究》認為前夫美其名將其妻改嫁，實則淪為「賣妻」之實。在日據時代，根據臨時臺灣舊慣調查會的調查結果提

省政府印刷廠，1987 年 2 月出版，1997 年六月再版），頁 247～249。當日出席者有寺島小五耶、大津釛次郎、手鳥兵次郎、渡邊啟太、高田富藏、藤井乾助、望月恆造、土屋達太郎、白倉吉朗、小野得一郎、朽木義春（以上質詢者）李維宗、陳少碩、李孫蒲、白其祥、謝鵬摶、歐陽長庚（以上解答者）諸氏，鉅鹿赫太郎、蕭呈輝二氏執通譯之勞，山田壽藏所記錄也。

〔註11〕戴月芳：《台灣的姊姊妹妹》，（五南出版社，2014 年 11 月），頁 17。

〔註12〕臺灣日日新報，第三千百十七號，（明治 41）1908-09-18，版次 6。

〔註13〕臺灣日日新報，第三千七百三十一號，（明治 43）1910-10-01，版次 3。

〔註14〕臺灣日日新報，第三千九百十號，（明治 44）1911-04-13，版次 3。

到——立贖身字的離婚：

> 夫要離異妻時，必須與妻的生家交涉，妻的生家同意時要提出贖身
> 銀贖回妻，並由夫立贖身字，如不同意則由夫立休書交付妻，將妻
> 放逐夫嫁賣妻時亦向對方受取身價後，立表面上由妻的生家贖回的
> 贖身字。〔註15〕

在台灣下層階級亦忌立離婚字而立贖回字（即妻的生家償還聘金取回家
女的契字）。贖回字不無視婦女為一種財物，難免暴露買賣婚姻的本質，但寧
願立贖回字而不立離婚字。〔註16〕因此美其名是「贖身字」，讓娘家歸還聘金
的方式，讓妻子回歸母家，實際上就是買回女性的主導權，否則妻子則會任
由本夫嫁賣以補貼聘金。

由此可知，「贖身字」等同於變相的販賣妻子。以下列舉數篇契約文書，
說明當時婦女買賣問題的嚴重性。

一、以改嫁之名的賣妻契書

典、賣妻的契約文書，形式就像田業契約證明買主保有其所買田業一樣。
最重要的是，一紙賣妻契約可證明本夫是自願賣掉這個女人（換句話說，買
主並未拐帶她），而且上面列出一長串的證人與保人的姓名，他們可以協助調
解之後發生的交易糾紛。〔註17〕

底層的貧窮男性是這一時代動盪下的被壓迫者，而貧窮人家的婦女，往
往是她們男人用之以交換金錢的物品、平衡家庭經濟的砝碼。生活無計，必

〔註15〕 臺灣總督府・臨時臺灣舊慣調查會，臺灣省文獻委員會編，陳金田譯：《臨時
臺灣舊慣調查會第一部調查第三回報告書：臺灣私法第二卷》，（南投市：臺
灣省文獻委員，1993 年），頁 576。

〔註16〕 臺灣總督府・臨時臺灣舊慣調查會，臺灣省文獻委員會編，陳金田譯：《臨時
臺灣舊慣調查會第一部調查第三回報告書：臺灣私法第二卷》，（南投市：臺
灣省文獻委員，1993 年），頁 570。

〔註17〕 〔美〕Matthew H・Sommer, The Adjudication of Wife-Selling in Qing County
Courts: 220 Cases from Ba, Nanbu, and Baodi Counties（由巴縣、南部縣與寶坻
縣 220 件案例檢視清代法庭對嫁賣妻子罪刑的審理），宣讀於 2005 年 10 月
13 日至 15 日「明清司法運作中的權力與文化」學術研討會，後翻譯為〔美〕
蘇成捷（Matthew H・Sommer）著，林文凱譯，〈清代縣衙的賣妻案件審判：
以 272 件巴縣、南部與寶坻縣案子為例證〉，收於邱澎生，陳熙遠編，《明清
法律運作中的權力與文化》，（臺北：中央研究院、聯經出版，2009 年），頁
349～350。

須要以賣妻的方式維持生活。改嫁之名的賣妻契書，是將妻子以獲取金錢的方式，改嫁於他人。從下列契約文書中重複出現的字詞：出賣、再嫁、改嫁、離婚等文字，都代表著女性在這過程中的被動特質，以改嫁之名將妻子轉賣。以下茲就契書中提到的賣妻之原因，分成三大項說明。

（一）以貧困為由之賣妻契書

> 立甘願賣妻子字人謝來觀，其妻魏氏名緞娘，係是魏振觀抱養，長大成人前，來觀與緞娘招婚，永為夫婦，以養振之年老。無如，來觀後來家庭貧乏，告借無由，日食難度，無可安飽，無親戚相助，勢出無奈，爰與振觀及胞兄相議，願將此妻、子兩人出賣他人，托媒向與林連生出首承娶，當日三面議定身價銀四拾大元正。其銀即日同媒新收入足訖，遂將緞娘年登二十九歲，又小兒元觀，年登二歲，同母賣過林門娶入成親，以作百年偕老。元同母抱付過門，聽從改名易姓，倘日後生子傳孫弄璋兆慶，乃是林門之洪福，與謝來觀無干之事。係是二比甘願，口恐無憑，今欲有憑，立甘願賣妻子字壹紙，付執為炤。
>
> 　批明：即日謝來觀同媒親收過身價龍銀四拾大元足訖，再炤。
>
> 　批明：魏家忌辰禋祀，亦歸林連生永遠奉祀，又炤。
>
> 批明：前謝來觀同妻吳氏生下女子一個，亦歸還謝來觀養育，長成
> 　　　大人，招婚奉養，來年老亦奉養忌辰禋祀，再炤。
>
> 光緒二十八年　月　日
>
> 　　　　　　　　　　　　　　代筆人　曾清文
>
> 　　　　　　　　　　　　　　為媒人　陳溪簡
>
> 　　　　　　　　　　　　在場人　魏發勝　謝鑾觀
>
> 　　　　　　　　立甘願賣妻子字人　謝來觀〔註18〕

　　光緒二十八年（西元 1902 年）契書中提及的人際網絡相當複雜，本夫謝來觀與魏振觀之養女緞娘結婚，承諾要奉養岳丈魏振觀直到年老。但因「貧窮」，謝來觀將緞娘及兒子轉賣給林連生之後，因此魏家長輩及魏家忌辰禋祀則改由林家負責奉養與祭祀。此決議過程中，魏家長輩及胞兄是完全參與此

〔註18〕台灣銀行經濟研究室編輯：《台灣司法人事篇》，（南投：台灣省文獻委員會，1994 年 7 月），頁 404～405。

事的，由「爰與振觀及胞兄相議」以及「在場人魏發勝」可知。將兒子元觀同母賣給林家，等於是斷了香火，在極為看重子嗣的傳統社會中，謝來觀此舉表示家中真的是甑塵釜魚、一貧如洗了。

「批明」的最後一點：前謝來觀同妻吳氏生下女子一個，亦歸還謝來觀養育。此時出現了前文未曾提及的妻子「吳氏」以及「歸還的女子」，應是謝來觀之前妻與女兒另嫁，不在身旁，才會用「歸還」一詞。而謝來觀也仿照「魏振觀依靠養女緞娘而得以養老」的模式，之後也招婚以養老，並奉養忌辰禮祀。對照王運發與謝來觀的例子，當時台灣民眾無論現實生活如何困難，對於先祖的祭祀仍是十分重視。

契書中的被賣的妻子是無聲無語的：身為女兒，父親決定將之與謝來觀成親；身為妻子，謝來觀決定將之轉賣給林連生。女性在父權、夫權之間流轉，在家從父、出嫁從夫的倫理觀念之下，並沒有自主權。但禮教卻提倡女子要貞潔自持、從一而終、烈女不嫁二夫等。婦女處境的艱難，左右掣肘、進退維谷可見一斑，命運從來都不在自己手中。

女子因無立身之本，離開了家庭就等於失去了依歸與依靠，從生家到夫家，婦女的命運都與緊緊地與家庭綁在一起，今日丈夫謝來觀因貧困已極、日食難度，遂將「妻與子」一併賣出，與其相守而死，拆嫁逃生，或許能給女子與孩子有另一個新生的機會與可能。記錄此一事實的契書，是無力的消極表露，同時也是強烈的生存需求。

對謝來觀來說「上奉雙親、下承子嗣」，亦是他肩上不能放下的責任與重擔。今日因貧困已極、日食難度，只得「妻與子」一併賣出。以謝來觀的經濟情形而言，將來更難有機會再娶妻以照顧雙親、照料家事，最後只留下可以處理家務女兒，未來招贅以持續繼承香火，成為他人生當中的最後一根浮木。整場賣妻的過程中，謝來觀無疑是最大的輸家。相關文獻與研究皆指出「貧窮」導致賣妻的至要因素之一。

一對走投無路的夫妻也可能協商，讓妻子同孩子一起進入新的婚姻裡，讓買主幫忙照顧一段時期然後才回到本夫的家庭；在這種情況下，這對夫婦等於是一起設法謀求小孩的生存。〔註19〕謝來觀在危慇之際幫妻子、孩子安

〔註19〕〔美〕Matthew H · Sommer, The Adjudication of Wife-Selling in Qing County Courts: 220 Cases from Ba, Nanbu, and Baodi Counties（由巴縣、南部縣與寶坻縣220件案例檢視清代法庭對嫁賣妻子罪刑的審理），宣讀於 2005 年 10 月 13 日至 15 日

排一條出路，此則「賣妻子字」，其處境著實令人鼻酸。

（二）以求嗣為由之賣妻契書

傳統封建社會中，娶妻成婚、綿延後嗣，但若妻子一直未有所出，其在家中的地位便會每下愈況。下列黃狗貳的契書中提到無嗣以及貧窮，將妻子「再嫁」他人。而所述的「貧窮」與「求子」，也正是之前學者們的結論，導致此風俗持續下去的主要背景。

> 光緒十七年辛卯三月二十六日武西保同安宅莊（今彰化縣永靖鄉）
> 黃狗貳立手摹甘願字
> 立正手摹甘願字人武西保同安宅莊〔註20〕黃狗貳，因前年娶過林秋之女子為妻，甫拾九歲，名叫于娘，至今十九年，夫妻不能生育，貳思無嗣，兼之日食難度，無奈甘願將妻再嫁他人，將銀乞子傳嗣，托媒引就，向與東螺西保北斗街〔註21〕張孝謹觀為妻，仝媒三面言議，二比甘願，時值張孝謹觀備出於娘身價銀貳拾大員；庫平重壹拾肆兩正。其銀即日仝媒、貳親交收，足訖明白，願將此女于娘，年甫三拾七歲，隨媒交付張孝謹觀娶去為妻，日後生子傳孫以及大振家聲，不干狗貳之事。保此女果係狗貳憑媒聘娶林秋之女，並無拐他人情事，如是逃脫，貳自當跟尋送還，此係二比甘願，各無反悔，口恐無憑，今嫁有憑，立甘願手摹結字壹幅，付執存照。
> 即日仝媒親交收過甘願字內身價銀貳拾大員完足，再照。
>
> 代筆人陳正順
> 陳悔嫂楊氏
> 為媒人黃阿生嫂王氏
> 張紂嫂王氏
>
> 光緒拾七年辛卯三月廿六日立手摹結字人黃狗貳〔註22〕

「明清司法運作中的權力與文化」學術研討會，後翻譯為〔美〕蘇成捷（Matthew H・Sommer）著，林文凱譯：〈清代縣衙的賣妻案件審判：以272件巴縣、南部與寶坻縣案子為例證〉，收於邱澎生，陳熙遠編：《明清法律運作中的權力與文化》，（臺北：中央研究院、聯經出版，2009年），頁351。

〔註20〕武西保同安宅莊指今彰化縣永靖鄉同安、同仁、湳墘、四芳等村。

〔註21〕東螺西堡北斗街在今彰化縣北斗鎮。

〔註22〕洪麗完：《臺灣社會生活文書專輯》，（臺北：中研院臺史所籌備處，2002年），頁299。

　　光緒十七年（西元 1891 年），文中所提黃狗貳與林于娘結縭十九年，丈夫將妻子轉嫁，原因第一點是：不能生育，貳思無嗣，第二點是：日食難度。基於上述，身不由己、迫不得已、萬般無奈之下只得將妻子轉嫁，並「將銀乞子傳嗣」，估計黃狗貳將賣妻所得銀兩，再想辦法求得子孫以傳嗣，或許是再娶一位妻子，或是……再買一位孩子。

　　無子符合古代七出的條件之一，縱使歷史進展了兩千多年，到了清朝末年，女性在家庭中所扮演的角色，依然以傳宗接代為主，所謂的「一夜夫妻百日恩」、「百年修得同船渡」，在宗族的延續問題面前，夫妻之間的感情比契紙更薄。

　　此外，在契書中黃狗貳提及：「于娘係狗貳憑媒聘娶林秋之女，並無拐他人情事，如是于娘逃脫，貳自當跟尋送還」。第一、強調出身，表示于娘無不明來歷。能看出丈夫欲提高成交率的企圖；第二、本次賣妻同時動用了三位冰人相當罕見。在買賣妻子的交易之中，冰人是可以拿得報酬，而黃狗貳必須為此付出三人份的費用，可看出其賣妻的迫切性；第三、若是于娘逃脫，會主動協尋。顯示于娘未必同意此次的婚嫁，可見夫權的壓迫性。以上三點，可以感受到黃狗貳欲將于娘轉賣出的高度期盼。契書所言求子的需求才是主因，「日食難度」應為次要原因。

（三）以夫妻不睦為由之賣妻契書

　　丈夫擁有妻子去留的主導權，若要將妻子改嫁、出賣或是離婚、退婚，契書上大略會寫出原因，而就目前筆者收集到的契書當中，因為「夫妻不睦」而要將妻子轉賣的有四則，比例偏高，這種主觀說法便將妻子轉賣於他人的方式過於片面、主斷。事實真的是否如文中所述，筆者試著從契書內容進行分析：根據契書中的文句、文意判斷，是否有前後矛盾之處，以推敲出典、賣妻的真實情況。以下四則契書是以「夫妻不睦」為由而賣妻之契書。

　　同治拾參年（西元 1874 年），本契書主題寫「婚帖」、內容寫「退婚書」、實則為「賣妻契書」。

　　　婚帖

　　　十四世祖張阿福招彭滿妹

　　　立主退婚字人劉金和緣因先年娶有妻彭氏名喚滿

　　　妹生於乙卯年十二月廿二日巳時生流庚二十歲奈因

夫妻反目不睦難堪是以甘願出嫁與人請得媒孫旺

嫂前去引婚說合嫁與張邱阿福出首承願娶室擇日

洞房結為夫妻傳子延孫永為張邱福家室姚嗣裔即

日言定該福應儉出身價佛銀參拾陸大員正色現交

劉金和親收足訖保此彭氏委係金和願甘別嫁與人並

無房族人等毫無干涉亦無來歷不明為礙如有此情係

金和一力抵當自嫁與福配結夫妻以後該金和永不敢異

言反悔滋端等情此係言出金石情甘意願兩無迫勒

兩相允諾恐口無憑今欲有憑立主退婚書等壹紙付

執為炤

批明即日其張邱阿福應儉身價佛銀參拾陸大員正全媒交

劉金和親收足訖立批再炤

說合為媒人孫旺嫂

在場兄元和

依口代筆人胡澄清

同治拾參年甲戌年十一月日日立主退婚人等人劉金和〔註23〕

　　此篇契書如此寫法，或許在迴避當時的法律規定、社會輿論、親友眼光等等。若退婚，應是退還回彭氏娘家，但契書內容卻寫著「甘願出嫁與人」。古代傳統的觀念中：女子沒有決定自己婚姻的權利，在家從父、出嫁從夫、夫死從子。無論跟誰結婚，都不是自己作主。而嫁出去的女兒如同潑出去的水，娘家已無權利主導女兒的人生。

　　彭氏青春正茂、正是適合生育的年齡，是最適合的為家庭繁衍子嗣的好媳婦。但劉金和因夫妻反目為由，將彭氏轉嫁，並承諾無族人干擾等問題，由兄長劉元和擔任見證人，聘請媒人牽線成功。

　　雖說清官難斷家務事，但是若以傳嗣為婚姻的主要目的，其實劉金和賣妻的交易並不合理。此外，劉金和賣妻，而張邱阿福娶妻，皆要媒人甘願冒著違法的風險暗中撮合，當然，這是筆有利潤的交易。而劉金和寧可違法也執意賣妻，想必除了「夫妻不合」的表層原因，或許還有其他無法在書面上呈現的背後因素。

〔註23〕林正慧、曾品滄主編：《李景暘藏臺灣古文書》，（臺北：國史館，2008 年 5 月初版），頁 303。

下列是另一則丈夫嫁賣妻子的契書，文中所述妻子的惡行，言之鑿鑿。

> 立賣妻字人港東下裡水底蔡莊江知高，今因所娶之妻悍潑異常，不遵家教，每每橫言惡語，痛如刀割，不得已，將此妻賣過他人，外托媒引就與本莊林能出首承買，憑媒三面議定時價六八佛銀〔註24〕貳拾大圓正。即日同媒將此妻轉賣過門，變換異姓，改惡為美，日後傳子及孫，聽銀主娶去教訓，不干賣主之事。此係二比甘願，各無反悔，口恐無憑，今欲有憑，合立賣妻字一紙，付執為炤。
>
> 即日同媒三面親手收過六八佛銀〔註25〕貳拾大圓正，再炤。
>
> 光緒拾五年拾月貳拾日　　　　　　　　　　　　　為媒人許氏娘
> 　　　　　　　　　　　　　　　　　　　　　　　立賣妻字人江知高
> 　　　　　　　　　　　　　　　　　　　　　　　代筆人張春生〔註26〕

此契書發生於清末日據初，西元 1889 年發生的事件，賣主丈夫江知高所述，托媒人將妻子「轉賣」給林能。媒人從中協調、穿針引線，三面議定後為時價 20 大圓正。媒人此舉雖然違法，但也能從買賣交易中獲利。空口無憑，因此委請代筆人書寫契書，這可能也是一筆費用。這場賣妻交易中，本夫江知高、為媒人許氏娘、代筆人張春生都分得一杯羹。而在契書中默默無語地妻子，命運則決定在他人嘴上。此一交易能順利媒合成功，代表在鄉里間此

〔註24〕陳哲三：〈臺灣清代契約文書中的銀幣及其相關問題〉，（逢甲人文社會學報 22 期 2011 年 06 月），頁 109～110。68 佛銀、68 紋重銀均在銀員六八折後得其銀之實際重量。而所有佛銀在此一時間均六八折。所以佛頭銀、佛銀、68 佛銀、68 重紋銀均為異名同實。許雪姬：《臺灣歷史辭典》（臺北：遠流出版社，2004 年），頁 333～334。佛銀：指清代臺灣通用的西班牙、墨西哥銀元而言。1821 年以前西班牙所鑄的佛銀，稱西班牙銀元，1824 年墨西哥獨立以後，改稱為墨銀。西班牙銀元因幣面畫有王像，故臺灣居民稱其為佛銀、佛頭銀、佛面銀、佛首銀元、清水佛銀、番佛銀、佛番銀等。清中末葉以後至割臺為止，臺灣北部大多通用佛銀，佛銀與清代官鑄紋銀的官定折率為 1 元折 6 錢 9 分對紋銀 1 兩，俗稱六九銀，惟各地折率並不一致，如光緒年間彰化地區的佛銀與紋銀之折率為佛銀 1 元折 7 錢對紋銀 1 兩。亦有因折率而稱六八銀或七二銀，若不說折率，一般都以 1 折 7 錢。

〔註25〕國史館臺灣文獻館，臺灣民俗文物辭典 http://dict.th.gov.tw/term/view/1107，查詢日期：107 年 11 月 2 日。辭條簡介：辭條簡介指有人頭的佛銀，又稱佛頭銀。佛銀指清代臺灣通用的西班牙、墨西哥銀元言。道光元年（1821）以前西班牙所鑄的佛銀，稱西班牙銀元；道光四年（1824）墨西哥獨立以後稱為墨銀。

〔註26〕台灣銀行經濟研究室編輯：《台灣私法人事篇上》，（南投：台灣省文獻委員會，1994 年 7 月），頁 408。

事可能已經司空見慣,或者是賣妻本來就是公開的不能說的秘密。

再則,江知高賣妻、林能買妻,兩人應該皆是社會底層的小人物:江知高想要休妻又想要聘金,所以選擇賣妻;林能想娶妻,但是付不起高價的聘金,所以買妻對林能來說是一個能傳嗣的好選擇。從另一個角度思考,若江知高的妻子如此不守婦道,江知高的確有出妻、休妻、強迫離婚的理由。但他選擇方式的是「賣妻」,藉由此種方式輾轉拿回當初娶妻時的聘金。可知在清末時期,女性等同物品的觀念,依然流行在民間。

文中所言:悍潑異常,不遵家教,每每橫言惡語。以及改惡為美等等字眼,這是其他契書比較少出現的,值得關注。

下面這則「割斷妻契字」目的是為了切斷妻子的關係,此契書特別之處在於出現大篇幅的子女介紹:

> 立割斷妻契字人臺中廳沙轆竹林莊第三十三番戶蘇塗觀,茲幼有娶上保三塊莊黃雙莉之姪女,名喚紅虯,年登三拾二歲,生有長男,名喚呆生,年登九歲,正月十六日生;二女名喚樣涼,年登七歲,六月十五日生;次男名喚福生,年登五歲,九月二十八日生。今因小登科〔註27〕不和合,夫婦不順,即爰請親戚相商不欲抵擋,日後夫婦不欲和合,三面言定,而即願將呆生同福生聽付與塗娶去養大,接傳宗枝;而紅虯再改嫁他人,有文王之福,與塗無干涉。此皆二比甘願,各無異言生端,口恐無憑,今欲有憑,立割斷妻契字二幅一樣,各執一幅,付執存炤。
>
> 光緒三十年(一九〇四)十二月　日　　　為中人併代筆李化龍
>
> 立割斷妻字人蘇塗觀〔註28〕

蘇塗觀與妻子生育三位子女,因為夫婦不順,也請親戚協調後還是破鏡難圓,因此決議將兩位兒子交由蘇塗觀續家族香火,而將妻子改嫁他人,彼此再無干係。契書中只強調兩人之間的關係一刀兩斷,和其他契書不同的是,並無和妻子的娘家協商拿回全部或是部分聘金、或是書寫妻子將改嫁的買夫姓名、若妻子逃亡將由本夫追尋送還等字眼。只單純表明之後與妻子紅虯再無關係,以及兒子交由蘇塗觀撫養等事宜。

〔註27〕漢語網:舊時對士人完姻之稱。
〔註28〕台灣銀行經濟研究室編:《臺灣私法人事編》,(臺北市:臺灣銀行經濟研究室,1994年),頁 624～625。

此為「割斷妻契字」，在於內容大篇幅都是在介紹子女，包含寫出長幼次序、出生月日、歲數等等，有意要凸顯這次賣妻交易中三位子女的監護權歸屬。但是明明蘇塗觀有三位子女，卻只針對兩位兒子的安置說明，對女兒的去留隻字未提。可知當時重男輕女的程度。此契書由丈夫的立場發言，決定了一家人的命運，與妻斷絕關係，婦女被動地接受安排。是否真是「小登科不和合」，無從得知。

同上所述，本夫與妻子解除夫妻關係，任其離去之際，無論是「立婚約書」、「退婚字」、或是下面這篇名為「離婚書」的賣妻文，內容都有談到身價銀或是聘金等字眼，讓婦女的去留與金錢緊緊綁在一起。

> 立休書（離婚書）字人、新園裡烏龍莊鹽埔仔許甲、有娶過同里新
> 園莊舊港東王乙之妹王巧為妻、近來王巧不守婦道、逐日尋事生端、
> 叫鬧不休、以致夫妻日夜難得相安、今因無奈、願將王巧「離婚」、
> 托中引就賣過港東中裡車路墩莊鄭丙為妻、三面議定、身價六八銀
> 貳拾五元、銀字即日同中兩相交收足訖、其王巧交付鄭丙攜帶歸家、
> 永為長久夫妻、日後若王巧生傳子孫、許甲不敢異言生端滋事、二
> 比甘願、各無反悔、口恐無憑、合立出休書一紙、付執為炤
>
> 　　　　　　　　　　　　　　　　　　為中人蔡丁
> 　　　　　　　　　　　　　　　　　立休書字人許甲
> 　　　　　　　　　　　　　　　代書人高炳〔註29〕

文中提及的許甲、王乙、鄭丙與蔡丁等四人，明顯為化名，不願意用真實的姓名，但為了避免日後爭端，因此用甲乙丙丁冠上姓氏來作代表。推斷：（1）賣妻並不光彩，不願他人知曉；（2）大家深知賣妻違法，若之後發生糾紛，未留下本名，也許能逃避刑責。隱藏姓名的有本夫許甲、妻子的哥哥王乙、買夫鄭丙及為中人蔡丁，文中顯示出與這位女性相關的人都是暱稱，都是假名，契書蒙上了一層陰影。而留下真實姓名的只有與本次交易關係最淺的代書人高炳，以及交易的主角——王巧本人。

「不守婦道」雖是七出之因，但若許甲真認為此女如此頑劣，而鄭丙又為何又要花身價銀25元娶一位不守婦道的女子為妻？如果說文中的人名都是假名，那麼文中所言離婚的理由，也許亦不是真實的，王巧只是被迫在娘家、夫家與新夫家中流轉，被迫聽從安排。「夫妻日夜難得相安」是書面所

寫的離婚之因，但真正離婚的理由，與文中的假名一樣，被掩蓋在契書之下。

「夫妻不睦」是所有契書中，為數最多的賣妻之因，但事實真如同白紙黑字這麼的真切嗎？以下就三則契書，筆者大膽推測，文字底層還掩蓋著「貧窮」的事實。

大正五年（西元 1916 年）九月二十四日三叉何支廳竹圍莊一二番地（今苗栗縣三義鄉）吳阿皇立預約字。

> 立預約字吳阿皇‧情因向得尖山莊〔註30〕劉德煥手內借過金百圓，娶得八桶林莊〔註31〕梁阿化女為妻。茲因夫妻不睦，不守婦道，願出嫁於人。倘德煥舊有機出嫁，皇僅得身價金三拾圓，其餘多少概交還德煥□債項，不敢異言，隨即出戶籍交涉清楚特立預約壹〔壹〕紙為照。
>
> 大正五年九月廿四日
>
> 　　　　　　　　　三叉何支廳竹圍莊〔註32〕，拾二番地
> 　　　　　　　　　　吳阿皇（印）〔註33〕

文中所述：因娶妻聘金不足而借錢，婚後卻因為「夫妻不睦」這個主觀的理由，而欲改嫁妻子於他人。但根據洪麗完《臺灣社會生活文書專輯》的研究指出：立契人因娶妻借錢，婚後夫妻卻不睦，乃以「不守婦道」的理由，將妻典押銀主並預立將要再嫁他人的合約字。

婚後的實際情況是「夫妻不睦」，雙方相處上的問題，但是契書上將改嫁之因歸結於「不守婦道」，顯示出以男性為主筆的契書，其真實性存疑。而如同《臺灣私法》所言：夫不僅妻有惡行時，若無任何可責行為時亦得以任意嫁賣妻〔註34〕。

市井小民為了求嗣，寧願負債娶妻，但文中無法判斷是否已經一舉得子，卻以聘金百圓的 1／3 價格，將妻嫁賣，一來一往之間損失了 2／3 的價錢。

〔註30〕尖山莊在今苗栗縣頭份鎮尖山、廣興、尖下等里。
〔註31〕不詳。
〔註32〕三叉河支廳竹圍莊在今苗栗縣銅鑼鄉樟樹村。
〔註33〕洪麗完：《臺灣社會生活文書專輯》，（臺北：中研院臺史所籌備處，2002 年），頁 325。
〔註34〕臺灣總督府‧臨時臺灣舊慣調查會，臺灣省文獻委員會編，陳金田譯：《臨時臺灣舊慣調查會第一部調查第三回報告書：臺灣私法第二卷》，（南投市：臺灣省文獻委員，1993 年），頁 576～577。

反之，縱使婚後生活順遂，贍養妻子、養育兒女等巨額開支，都必會使家庭陷入無限地惡性循環。對於社會底層的民眾而言，連娶妻成婚的基本需求都承擔著極大的壓力。

至於百元對於當時百姓來說，這個數字代表的具體意義為何？根據《舊慣》〔註35〕，下層百姓一天工作 70～80 錢，那麼 100 元聘金是 125～142 天的總薪資；若對比表 19《舊慣》（頁 134）下等職工一年份白米花費為 17 元 28 錢，100 元聘金約為 5 年份的白米價格，百姓著實負擔不起。因此，推估契書中所謂的「夫妻不睦」是丈夫將婦女任意嫁賣的藉口，「貧窮」才是主因。

下列民國三十三年（西元 1944 年）二月十五日楊海忠立婚約書，也指出「兩口不合」是將妻子改嫁的主因：

> 立婚書約人楊海忠，□因自妻王氏，年二十一歲。今因兩口不和，萬不能度日，實之無奈，同人說合，情願出嫁與陳滿牛足下為婚，同人言明，受到身價洋若干，其洋當交不欠，兩出情願，永無反悔，日後如有戶族人等攔擋，有主婚人一面承擋，恐口無憑．主婚書約為證，隨帶小女育養三年為滿期，滿歸與楊門。
>
> 同村會（印）
> 警王○〔開〕紅
> 媒証〔證〕人陳□裡
> 主婚人左食指（指摹）
> 右食指（指摹）
>
> 民國卅三年二月十五日親筆立〔註36〕

文中寫明此契書為「婚約書」，而立此書的正是丈夫本人，嫁賣妻的理由「兩口不合」為雖為七出之因，但也被氾濫地使用於契書之中。

其妻王氏剛過雙十年華，正是青春光彩之時，文中所述兩人育有一女，因此排除「未有所出」而轉嫁之因。但，值得思考的是「隨帶小女育養三年為滿期，滿歸與楊門」，若真的夫妻不合、若真的恩斷義絕，為何連女兒也

〔註35〕臨時臺灣舊慣調查會：《調查經濟資料報告》（臨時臺灣舊慣調查會第二部）下冊，1905 年，頁 577。

〔註36〕洪麗完：《臺灣社會生活文書專輯》，（臺北：中研院臺史所籌備處，2002 年），頁 468。

都一併改嫁？為何在期滿之後要歸於楊門？推斷楊父依舊需要「女兒」，長大後的女兒無論幫忙家務、工作補貼家用、或是未來招贅繼承香火，皆可照顧到本家。若是楊父如此需要女兒，何故不能自己扶養，還要承擔三年後女兒是否能順利回歸楊門的風險。參照上列幾個契書可大膽推估，「貧窮」是這次賣妻交易中，暗中湧動的主因。

　　包裹著「夫妻不和」的外衣，進行賣妻之舉，冀望能短暫的喘息於困乏的生活之中。下列一則契書，包含上手契，可由此更清楚事情得來龍去脈。

　　上手契：

　　立賣配甘願字人學甲堡中洲莊過港第二十番戶黃全先宗親，承買曾家之女為親，而以忽然搗予宗弟，不幸亡故無後，共伊代料理，將曾氏投存費折抵作代理開費。今因與聽媒人同相引就，賣配蕭壠堡番仔頭莊第八十番戶楊片出頭承買為妻，憑媒三面言議著身價七四銀參拾大圓正；其銀即日同中交訖，其曾氏名緞涼隨付媒人過楊片之家中為親，百年同心，傳子及孫，不敢異言滋事。保此係是全先投存代理開費，與他人等無干；係若不明者，全先自出首抵擋，不干銀主之事。此係二比甘願，各無反悔，口恐無憑，今欲有憑，立賣配甘願字壹紙，付執存炤。

　　即日同中收過七四龍銀參拾大圓完足，再炤。

　　光緒三十年八月　日

為媒人　邱芳

知見人　吳氏

立賣配甘願字人　黃全先

代書人　楊心生〔註37〕

　　立賣甘願字人、蕭壠堡番仔蔡莊楊片、自置明買過學甲堡中洲莊過港黃全先之弟婦、承來為親、入內不受、難親不恁、片一切無奈、將於事情無奈、憑媒引就、願曾氏名緞娘一人、賣與本堡北頭莊楊品、出首承買、三面言議、身價銀六拾八大圓正、其銀即日同中交訖、其人緞娘隨付銀主、娶過前去掌管為妾、不敢阻擋、亦不敢異

〔註37〕台灣銀行經濟研究室編輯：《台灣私法人事篇》，（南投：台灣省文獻委員會，1994 年 7 月），頁 406～407。

言生端滋事、保此緞娘係片明買之人、與他人無干以及交加不明為
礙、如有不明等情、片自出頭抵當、不干銀主之事、此係二比甘願、
各無反悔、口恐無憑、今欲有憑、立賣甘願自一紙、竝上手字一紙、
共貳紙、付執為炤
即日同中收過價身七四銀六拾八大圓、完足、再炤

　　　光緒三十年十二月　　日　　　　　　　　　為媒人　楊生

　　　　　　　　　　　　　　　　　　　　　　知見人　謝氏

　　　　　　　　　　　　　　　　　　　立賣甘願字人　楊片

　　　　　　　　　　　　　　　　　　　　　代書人　楊心生〔註38〕

　　曾氏緞娘據契書之述，總共被轉賣三次：第一次黃家承「買」曾氏，予
黃全先之弟為妻。丈夫亡故，妻子無依，自然在夫家也無立足之地，一般會
由親戚轉知娘家，付出相當金額的身價銀贖回，否則將由夫家親戚代為轉嫁。
於光緒三十年（西元 1904 年）8 月，在媒證、知見人、代書共同見證下，第
二次被賣給了楊片為妻，以 30 大圓的價格。

　　好景不長，同年十二月，第二任丈夫楊片，因「入內不受」的七出之因，
將曾氏第三次賣給楊品為妾。可，身價卻水漲船高，從 30 大圓變成 68 大
圓。楊片賣妻與楊品娶妾，推斷買夫楊品的社會地會以及經濟能力更甚於
楊片，才有餘力可以納妾，而且付出更高的身價銀。而需求金錢（身價銀）
的楊片，順水推舟將妻嫁賣，亦不無可能。

　　從資料中只能得知曾氏最初依照父母之命賣給了夫家，其身家所有權從
父權轉換成夫權。爾後，丈夫卻不幸過往，屋漏偏逢連夜雨，夫家親戚將曾
氏賣給楊片為妻。而在新家庭五個月後，最後又被轉賣為楊品的妾。曾氏在
父權與眾多夫權中無聲地流轉，其內心的想法與轉賣之後生活是否能夠改善
等訊息無從得知，只能將之無奈地歸結於「命運」。

　　契書中的發言人是丈夫，從中完全無法得知婦女的任何資料，婦女是否
如書中所言如此沒有婦德，此事存疑。事實就如同婦女的姓名一般，被隱藏
在契書的背後，然而婦女被任意買賣的事實卻浮上檯面。

　　以改嫁之名的契書中，以「夫妻不睦」為主因的契書數量居冠，有七則
之多。但仔細分析之後，筆者認為部分契書是以「夫妻不睦」的主觀想法，掩

〔註38〕台灣銀行經濟研究室編輯：《台灣私法人事篇上》，（南投：台灣省文獻委員
　　　會，1994 年 7 月），頁 406～407。

蓋客觀的「貧窮」之實。推估可能是不願意承認自家甑塵釜魚的處境，或是魅惑於高額的身價銀，但，只要婦女和金錢之間的關係一天沒有切斷，被物化的情況依舊會持續下去。

（四）契書上未寫明原因

賣妻字或改嫁字是夫家交給後夫的婚書，通常記載嫁賣理由（如夫妻不睦或夫亡故等）、後夫的姓名，授受聘金或身價銀，以後與妻無任何關係等事項〔註39〕。下列這則契書沒有想嫁賣的理由，只說明後夫姓名及身價銀。

> 立出甘心字人中壇區金瓜　竹圍仔劉阿妹，情因先年娶有一妻，係
> 彌濃莊陳教化之女，乳名陳尾妹。娶入劉家，至於丙午年卅一歲，
> 將此陳尾妹甘願改婚另嫁於龍肚莊邱假黎，合爸結成為夫婦，子孫
> 昌盛，自出甘心甘願，之後劉家兄弟親屬人等不得異言生端滋事；
> 倘有劉、陳二姓或生異端等弊，仍係媒人一力抵擋，不干邱假黎之
> 事。恐口無憑，立出甘願改嫁另婚字壹紙，付執為照。
> 一批明：實領到身價銀六拾四圓正，批明。
> 又批明：年庚失落，後日執出不能照用。
> 　　光緒丙午年四月初九日　　　　　　　說合媒人　邱丙辛嫂
> 　　　　　　　　　　　　　　　　　　　　代筆人　劉華聰
> 　　　　　　　　　　　　　立甘願字人　劉阿妹〔註40〕

文中提及「劉阿妹娶有一妻」與陳家結為秦晉之好，但婚後卻將陳尾妹甘願改嫁邱假黎，文中未提及改嫁之因。但陳尾妹當時已經三十一歲，以光緒丙午年（1906 年）成婚年紀來看，推論劉阿妹與陳尾妹已經結縭多年，為何甘願將之改嫁？文中不同於其他契書，將身價銀寫在段落之中，還是特別寫在文末，加上「批明」二字，有強調之意。

再則，文中提及「有劉、陳二姓或生異端等弊，仍係媒人一力抵擋」也頗值得深思：（1）劉阿妹將妻子陳尾妹改嫁乙事，雙方家庭確實知曉此事，因此才寫入契書中。（2）或有異端，將由「媒人」一力抵擋。按照清律，買

〔註39〕臺灣總督府‧臨時臺灣舊慣調查會，臺灣省文獻委員會編，陳金田譯：《臨時臺灣舊慣調查會第一部調查第三回報告書：臺灣私法第二卷》，（南投市：臺灣省文獻委員，1993 年），頁 576～577。

〔註40〕台灣銀行經濟研究室編輯：《台灣私法人事篇》，（南投：台灣省文獻委員會，1994 年），頁 403～404。

賣妻妾屬於違法事宜，媒人會受到相當刑責，卻依然願意從中穿針引線協助媒合。不同於一般契書，若發生異端由「賣夫」一力承擔，而本則契書則改由「媒人」一力抵擋。所謂「殺頭生意有人做，賠錢生意沒人做」。或許賣妻交易中，媒人所能拿到的佣金是非常可觀的。進一步來說，整件賣妻交易，極有可能是由媒人不斷鼓吹而促成此事，否則沒有理由公親變事主，主動將責任往自己身上攬。故推斷「貧窮」是主要原因。因為金錢因素，推動著本夫、買夫與媒人原本彼此沒關係的三人走到了一起，促成此事。

下一則「賣妻字」，沒有提及任何原因，丈夫依然有權將妻子任意嫁賣。

> 立出字人新北勢莊第一保第十七番戶黃阿春，有一妻利氏阿妹，出
> 嫁於內埔莊第百五十三番戶李九冉為妾，憑媒言定價金銀五拾五
> 元，兩交明白。恐口無憑，立甘願字一紙為炤。
>
> 　　　　光緒三十二年二月一日　　　　　　　　說合中人　鐘阿順
>
> 　　　　　　　　　　　立出甘願字人　黃阿春〔註41〕

光緒三十二年（西元 1906 年）文中簡短寫明事件過程與結果，但並無代書人姓名。而文中賣夫黃阿春將妻子嫁給李九冉為妾，顯示出黃阿春和李九冉之間的社會階層不同：黃阿春將唯一的妻子出嫁以獲得定價金，而李九冉付了定價金買了妾。推估與「貧窮」以及「求子的需求」有一定的關連，但可以知道的是買賣妻妾乙事在鄉里之間、不同社會階層之間發生著。

西元 1907 年《臺灣日日新報》〔註42〕中也刊登了〈人身買賣〉〔註43〕的

〔註41〕台灣銀行經濟研究室編輯：《台灣私法人事篇》，（南投：台灣省文獻委員會，1994 年 7 月），頁 405～406。

〔註42〕網址：http://cdnete.lib.ncku.edu.tw/twhannews/user/intro.htm#1 漢文臺灣日日新報全文電子版，〈臺灣日日新報〉簡史：日日新報的創立，為總督府當局所促成。從 1898 年至 1916 年為止，該報社是具有半官方身分的組織，因而言論很難獨立自主的言論機關。查詢日期：107 年 12 月 28 日。

〔註43〕臺灣日日新報，第二千八百一號，（明治 40）1907-09-03，版次 4。臺地之慣習。非一言所能盡。其最傷風化。而必早為除去者。莫人身買賣一事。夫天地以好生為德。父母以慈愛為心。人無有不知之者。況乎人生斯世。稟賦於天。同此形骸。同此情性。無分男女。均歸覆載之中。人身至靈至貴。非如他動物之可比。而竟以人身為買賣。是視人如物也。是種族相殘也。其忍莫此為甚。或為年凶歲歉。家貧缺乏。以某女鬻諸人。附之以杜絕手摹字。謂一賣千休。後日不得找贖等語。夫牛雖笨拙。猶有甜犢之愛。虎雖暴厲。曾無食兒之心。人為萬物之靈。具有天良。忍心害理。真禽獸之不如矣。倘以女子為無用。彼木蘭代父從征。牛女眠中講義。羊妻成夫懿德。孟母教子彰賢。非皆為女子耶。奈何今人不鑑於古。販賣女子。以為慣例。一旦賣出。

相關訊息：臺地之慣習。非一言所能盡。其最傷風化。而必早為除去者。莫人身買賣一事。……或為年凶歲歉。家貧缺乏。以某女鬻諸人。附之以杜絕手摹字。謂一賣千休。後日不得找贖等語。

官方的立場嘗試力挽民風，表達遺憾之意，但「家貧缺乏」若提不出解決之道，法令的禁止、政令的宣導皆只是揚湯止沸。

綜合所述，在契書中已「夫妻不睦」為最大宗，但分析之後發現，潛藏在契書背後的還是以「貧窮」和「求嗣」為主要原因。

二、以贖身字之名的賣妻契書

婦女一經出嫁，其婚權即由本宗移至夫宗，故婦女再嫁權利則由夫家人所掌控，若本家對於夫家將其女再嫁執異，則須透過「贖回」的方式，讓主婚權回到本家。臺灣有諺語：「不愛涎，了空空。不愛某，了一船肚」，意是夫妻離婚時，雙方皆損失莫大之意，然而中層階級以下大多重視聘金，若女家不償還聘金則扣留粧奩或不退還粧奩而減少討回聘金，甚至有強迫女家贖身，不答應則將妻嫁賣者。〔註44〕

台灣舊慣上也提到：夫要離異妻時，必須與妻的生家交涉，妻的生家同

遂使流落他鄉。生死不相問問。或墜青樓。或充女婢。種種多有。慘不可言。所以鄉下之頑民父母。常遇姦拐之徒。方略計謀。善能引誘。陰行詭計。欺罔無知。離散其骨肉。賤辱其身體。以失其人權。而彼等於中取利。此弊積習成風。在大家買貧民子女為婢。青春過半。聽其轉賣他人。究其終身亦難以脫婢籍。繼而青樓藉言乞養之名。不惜多金行賂買之。及後長成為妓為娼。倘遇鴇母無良。勒索多金。方許其贖。否則歲月遷移。秋光易老。難免終在苦海之中。而無脫出火坑之日。此世人所謂陰司地獄。莫此為甚。清時丁日昌、任福建巡撫。來臺巡視。目覩心傷。勒碑在臺南大西門外。禁令養女婢者。不能過二十歲以上。當即遣嫁。違治罪。繼而嚴禁拐徒向買島民之女子。不論老幼。決定不許出口。時亦建碑在安平稅關口。現石碑猶在。證據皇皇。而島人置之不知。甚而青樓中。買良為娼。藉名為苗媳。此風之流毒。惟臺北最盛。十而有九。按清律、亦明有重禁。入版圖以來。計已十餘年。文明漸廣。教化甚良。於此人身買賣之惡習。應行設法禁止。在帝國法律。遇強制執行時。他物均可以差押。惟人身則不許。蓋以人與物殊。重視之也。既不可差押。詎可任其如物然。互為買賣。以蔑視人道乎。縱曰積習既深。挽回匪易。且不徵大逆民情。是當局之經營臺灣。但在於物質。不在於精神。所謂臺灣之文明進步者。特其外面耶。竊不能無惑焉。

〔註44〕臺灣總督府‧臨時臺灣舊慣調查會，臺灣省文獻委員會編，陳金田譯：《臨時臺灣舊慣調查會第一部調查第三回報告書：臺灣私法第二卷》，（南投市：臺灣省文獻委員，1993 年），頁 565。

意時要提出贖身銀贖回妻，並由夫立贖身字，如不同意則由夫立休書交付妻，將妻放逐夫嫁賣妻時亦向對方受取身價後，立表面上由妻的生家贖回的贖身字。〔註45〕阮玉如的研究指出——若娘家無力「贖回」，前夫美其名將其妻改嫁，實則淪為「賣妻」之實。〔註46〕

以下茲就契書內容分類說明，其中「夫妻不和」的契書高達 13 則，數量最多，以下進行分席說明

（一）以夫妻不睦為由之賣妻契書

筆者收集的契書中有 14 則是以「夫妻不睦」為由，而夫家將妻子退回本家並索取身價銀，如同賣妻契書一般。贖身字契書亦是以「夫妻不睦」為最主要的原因，以下進行說明：

> 光緒七年四月陳興官立甘愿字
>
> 　愿字陳興官，自娶一妻名腰娘，年登二十八歲，夫妻不和，無奈求與外家劉番顛贖回，備出佛銀二十四大元正，交予陳興官收入足訖，改□過他人，不敢異言生端滋事。此係二比甘愿，各無反悔，口恐無憑，今欲有憑，立出甘愿字壹紙，付執為炤。
>
> 再批明：實收過佛銀二十四大元正
>
> 　　　　　　　　　在 場中人郭名蛋（花押）
> 　　　　　　　　　代 筆 林九官（花押）
>
> 光緒七年四月 日立甘愿字 陳興官（花押）〔註47〕

贖回字無疑將婦女視為財物之一，因要婦女回歸本家所以須付出贖金，難免暴露買賣婚姻的本質，但寧願立贖回字而不立離婚字。〔註48〕光緒七年（西元 1881 年）是丈夫陳興官因夫妻不睦，將妻子腰娘退回本家。下則文書則為腰娘本家將其出嫁時的「過嫁字」

〔註45〕臺灣總督府‧臨時臺灣舊慣調查會，臺灣省文獻委員會編，陳金田譯：《臨時臺灣舊慣調查會第一部調查第三回報告書：臺灣私法第二卷》，（南投市：臺灣省文獻委員，1993 年），頁 576。

〔註46〕阮玉如：《清代台灣婚姻禮俗研究》，國立臺南大學國語文學系碩士論文，2010 年，頁 110。

〔註47〕洪麗完：《臺灣社會生活文書專輯》，（臺北：中央研究院臺灣史研究所籌備處，2002 年），頁 290。

〔註48〕臺灣總督府‧臨時臺灣舊慣調查會，臺灣省文獻委員會編，陳金田譯：《臨時臺灣舊慣調查會第一部調查第三回報告書：臺灣私法第二卷》，（南投市：臺灣省文獻委員，1993 年），頁 570。

光緒七年（一八八一）四月劉番顛立出過嫁字

　　立出過嫁字人劉番顛，飽養□妹，名腰娘，年登二八歲，託謀〔媒〕過□文郄〔卻〕為夫，仝與岳父鄭福來□聹〔聘〕金銀式〔貳〕拾捌大元正，交與劉番顛收入足訖。吉日取娶，與□無干，不敢異言生端□〔滋〕事，此二比甘愿，各無反悔，口恐無憑，今欲有憑，立出過嫁□〔壹〕紙，付執為炤〔照〕。
　　再批明：寔〔實〕收過聹〔聘〕金銀貳拾捌元□

　　　　　　　　　　　　　　　　為謀〔媒〕人　郭名蛋（花押）
　　　　　　　　　　　　　　　　代　筆　林九官（花押）
　　　　　　　光緒七年四月　立過嫁字人　劉番顛（花押）〔註49〕

　　丈夫陳興官在同年（西元 1881 年）同月娶妻之後又立即退婚，當初娶妻聘金為二十八大元，退婚之後，由腰娘本家拿出 24 元贖回，一來一往損失 4 大元。而當初的牽合媒人郭名蛋，在退婚時成了在場中人，無論是媒人還是在場中人，郭名蛋都可以從陳興官處拿到一些酬金。陳興官如此大費周章的娶妻再賣妻，推斷不可能因為貧窮，若真是貧窮又有求嗣的需求，急於讓女方贖回不合理。而且就腰娘而言，28 歲縱使不是花漾年華，但依舊是適合生育的年紀。因此，文中所提的夫妻不睦的情況，可信度極高。

　　下面一則契書，也是由父親贖回的贖身字：

　　立甘願贖身字人郭士火、有因夫妻反目不能和順、是以規勸難合、不得已托媒、願將妻玉娘付伊生父杜宗官贖回改嫁、時三面議定、依時值出身價銀二百大員正、銀即日同媒交郭士火親收足訖、自此割根永斷、聽伊父杜宗官贖身回發放嫁他人、一切等情、不干郭家之事、此係二比甘願、各無反悔日後竝無滋事生端、口恐無憑、今欲有憑、立出甘願贖身字壹紙、付執為炤
　　即日同媒火親收過贖身字內佛銀貳百大員正完足、再炤

　　　　　　　　　　　　　　　　代筆人蘇心正
　　　　　　　　　　　　　　　　為媒人陳李氏
　　　　　　　　　　　　　　　　知見人郭陳氏

─────────────
〔註49〕洪麗完：《臺灣社會生活文書專輯》，（臺北：中央研究院臺灣史研究所籌備處，2002 年），頁 288。

在場人郭士發

立甘願贖身字人郭士火

明治二十九年十月〔註50〕

本夫郭士火與妻子不合，與其娘家相商，由岳父贖回改嫁。明治二十九年（西元 1896 年）文中雖未提及妻子玉娘的年齡，但「依時值身價銀二百大員正」此句而言，代表當時婚嫁與退婚是有一定的參考金額，另外，玉娘為退婚贖回，因此「身價銀」理當較新娶時的「聘金」金額低。

此外，文中書寫內容的五行內容中，主要說明原因的只有短短的：夫妻反目不能和順、是以規勸難合。其他都是在說明內容改嫁的身價銀、與郭家兩斷以及各無反悔等事情。此契書的意圖明顯在表明立場及保護自身利益，更勝於說明為何要令妻子贖回改嫁。

依目前筆者收集的資料而言，發生於而西元 1887 年的〈呂謀贖回改嫁字〉，身價銀則是 20 大員；1889 年〈江知高賣妻字〉20 大員；1891 年〈黃狗貳甘願字〉20 大員；1895 年的〈張阿貴贖字〉22 大員。但此契書（西元 1896 年）時值身價銀則是二百大員，相較之下幾乎是十倍的金額，當時娶妻時的聘金理當高於二百大員，因此推斷郭士火或是杜宗官經濟能力應該是高於一般底層民眾，若無特殊因素，代表離婚贖回之事，普遍發生在台灣中、下階層人民之間。

另外，契書中出現的人物也較上述兩則契書多了「知見人」與「在場人」。知見人郭陳氏推論為本夫郭士火的母親，在場人郭士發為郭家親屬，意即妻子玉娘的婆婆與伯叔。此次退婚經郭家人同意，妻子母家付了高價的身價銀，贖回了玉娘。本則契書中所言：一切等情、不干郭家之事。對比其他契書：如有不明情弊，丈夫自出首一力抵擋，不干銀主之事。可以感受到夫家的立場比較強硬。

婚姻是家族與家族之間的結合，下則契書林阿九與妻子不合，先和家中親戚相商後才決定讓外家贖回。

> 同立甘願主出贖身收銀字人林阿九、茲因前父母在日明媒聘過周家之女為妻、名叫女涼、年登二十一歲、自娶女涼入門以來、夫妻不和、亦不順家規矩、林阿九無奈、向與叔兄弟姪相議、願將此周氏女涼、即托媒引就向與外家周、門王氏親生母贖回歸家、配及他人

〔註50〕〔日〕杵淵義房：《台湾社会事業史》，（德友会出版，1940 年 4 月），頁 462。

良緣、時同媒三面言定、贖身價銀四拾大員正、三面交付林阿九親
收足訖、隨即將周氏女涼、聽其周王氏娶回歸周家、來日配及他人
良緣、不干林家之事、此係二比甘願、各無反悔、並無來歷不明為
礙、如有不明者、林阿九一力出首抵當、不干外家周王氏之事、同
立甘願主出贖身收銀字壹紙、收執為炤

代筆人王龍水

為媒人張牛姆

在場知見人林士發

同立甘願主出贖身收銀字人林阿九

明治三十五年〔註51〕

　　因父母之命、媒妁之言，林阿九娶了周氏女涼。婚後兩人不和，各欲紛
飛，因此林阿九托媒引就向與外家贖回。而此契書明治三十五年（西元 1902
年）由「娘家的母親」出面贖回，而不同於其他契書由父親或是胞兄贖回，
且贖回的金額：四拾大員。相較於西元 1901 年〈孫向章離婚贖回〉由胞兄
拿出 24 大員；西元 1903 年〈徐笋贖回字〉由娘家交付 26 圓，此契書中的
身價更高，家中女性長輩代表，同時拿出較高的費用將女兒贖回，可知外家
的經濟狀況尚可。相對而言，付得出較高聘金的林阿九，經濟能力應該有相
等。排除「貧窮」的可能性，同時，周氏也極為年經，亦非生育問題，故「夫
妻不睦」之語，著實可信。下則契書亦是夫妻不睦的贖回字：

立甘願贖回字人、永豐裡崙仔頂莊徐笋、有娶林氏全娘為妻、過門
有十二年、夫妻因反不和睦、笋無奈、將妻全娘贖回林家、改嫁他
人、笋甘願收過七三銀貳拾六圓、其銀即日同中交訖、隨時全娘娶
回林家、日後再嫁他人、笋不敢異言生端滋事、亦不敢阻擋、此係
二比甘願、各無反悔、口恐無憑、今欲有憑、立甘願贖回字壹紙、
付執為炤

即日同中見收過七三銀貳拾六大員完足、再炤

為媒人楊旭

立甘願贖回字人徐笋

代書人徐天福

〔註51〕〔日〕杵淵義房：《台灣社會事業史》，（德友會出版，1940 年 4 月），頁 464。

明治三十六年十一月〔註52〕

明治三十六年十一月（西元 1903 年）的契書，文中徐笋所言因「夫妻不和」，而要將林氏退回林家。但結褵十二年，對於子女的問題卻隻字未提。若有子嗣，本夫將妻子轉嫁，子女直接歸屬於父親；若無子嗣，中間所言的夫妻不和，推斷部分的原因在此。可以從簡潔有力的文字並未提及與家族相商，與林家相議等字眼，代表徐笋堅決的態度，只願拿回身價銀，全娘可以隨時離去、任憑其改嫁、瓜葛永斷，果斷決絕，徐笋與妻不睦之因，有其可信度。

1. 多重因素，不只契書上之因素

台灣俚諺俗語曾說：賣妻賣子，少張嘴。〔註53〕賣某賣子少頭嘴。〔註54〕都提及賣妻能減低家用支出，諺語的背後所顯示出的百姓貧困生活。以下五則契書所述因「夫妻不和」而要離婚贖回，但就筆者推斷除了表層文字之外，底層的「貧窮」才是事件的主因。

> 立離婚贖回改嫁字人港中里東港街呂謀，前有聘過港東街羅新之女，名叫草娘，年方二十六歲，未有伉儷。茲緣夫妻反目，不能正室，不順家訓，無奈，外托媒引就與港東莊羅新贖回到家擇新改嫁，三面言定身價聘禮貳拾大圓正；其銀、字即日同媒親收交訖，其草娘聽與新娶回擇親設配他人。惟願麟趾呈祥，螽斯衍慶，與謀無涉，並無來歷交加不明；如有不明情弊，謀自出首一力抵擋，不干銀主之事。此係二比甘願離婚，各無反悔，口恐無憑，今欲有憑，合立離婚贖回改嫁字一幅，付執為炤。
>
> 即日同媒親收回聘禮銀貳拾大圓完足，再炤。
>
> 光緒十三年十月　　日　　　　　　　　　　　　　為媒人　李正
>
> 　　　　　　　　　　　立離婚贖回改嫁字人　呂謀
>
> 　　　　　　　　　　　代筆人　歐成王〔註55〕

〔註52〕〔日〕杵淵義房：《台灣社会事業史》，（德友会出版，1940 年 4 月），頁 464。

〔註53〕莊秋情：《台灣鄉土俗語》，（臺南縣政府，1998 年），頁 292。

〔註54〕台灣總督府編：《台灣俚諺集覽》〈第五篇人倫・夫婦〉，（台北市：南天，1991 年），頁 160。

〔註55〕台灣銀行經濟研究室編輯：《台灣私法人事篇上》，（南投：台灣省文獻委員會，1994 年），頁 398〜399。

　　光緒十三年（西元 1887 年）呂謀與妻子不合，雖然清官難斷家務事，但呂謀與岳父相商贖回家中，雙方皆同意草娘擇親另配他人。草娘已過花信年華，以清末成婚年齡相較，理當結縭已久，文中未提及每個家庭都關心子嗣的問題。如果說有子嗣，文中卻沒有提及，代表由呂謀監護；如果沒有子嗣，只說「夫妻反目」，很明顯的是改嫁字人者呂謀單方面的說辭。

　　文中所言：如有不明情弊，謀自出首一力抵擋，不干銀主之事。所謂銀主即是草娘的下一任丈夫。女子物化的情形，清晰可見，而呂謀一力促成贖回乙事，不得不讓人聯想到「貧困求金」的情形。為了日後的「找價」問題，大家白紙黑字寫明白，讓贖身字與賣妻之間有著切不開的關係。

　　下則契書中提到因為家中不合以及日食難度的原因，只好將妻子贖回後，由外家轉嫁他人。

> 立甘願贖字人新埔腳莊張阿貴，緣有前年間招婚於吳氏快娘，而今家中不和；日食難度，無奈，託媒引就向與胞兄吳炭取贖出番銀貳拾貳大員正；其銀即日同中交與張阿貴親收足訖。時三面議定，轉嫁溪洲莊林廟結為夫婦。此係二比兩願，各無迫勒反悔，葛藤永斷，非拐逃之情；若是後日有來歷不明，貴一力出首抵擋，不干吳炭之事。口恐無憑，今欲有憑，立取贖字壹張，付執收存為炤。
>
> 批明：即日同中親收過番銀貳拾貳大員正，交與張阿貴足訖。甘願取贖，轉嫁林廟，再炤。
>
> 時龍飛歲次乙未年〔註56〕臘月　　　　　　　作媒人　戴豬勳
> 　　　　　　　　　　　　　　　　　　　　　代筆人　兔毛書
> 　　　　　　　　　　　　　　　　　　　　　　在場見　吳炭
> 　　日立甘願取贖字人　新埔腳莊　張阿貴〔註57〕

　　此契書特別之處在於，雖為「贖身字」，由生家贖回改嫁，卻和賣妻字類似，新任丈夫的名稱都寫在契書中，批明將其轉嫁給林廟。為何不直接以「改嫁字」書寫，推斷若吳氏本家亦同意改嫁，將契書定位為「贖回字」，或許可迴避在法律上之罪責。

〔註56〕〔日〕杵淵義房：《台灣社會事業史》，（德友會出版，1940 年 4 月），450 頁。記載正確年月日明治二十八年臘月（一八九五），也就是光緒二十一年。
〔註57〕台灣銀行經濟研究室編輯：《台灣私法人事篇上》，（南投：台灣省文獻委員會，1994 年），頁 392～393。

　　時龍飛歲次乙未年（西元 1895 年）文中清楚寫明丈夫張阿貴將妻子快娘退回給娘家，取得贖身銀 22 大員正，同時也註明快娘將轉嫁給林廟。當時的情況是：時三面議定，此贖身銀由未來丈夫林廟所出的可能性極高，俗話說：有錢沒錢，娶個老婆好過年。俗諺亦說：無婦，不成家。〔註 58〕而張阿貴卻在臘月時將妻子使生家贖回，文中所言「日食難度」之因，可能更甚於「夫妻不和」。

　　除了贖回改嫁妻子之外，上有連同兒子一同改嫁的情況，下列一則契書是光緒二十三年（西元 1897 年）發生的：

> 立出贖回改嫁甘願字人東港下頭角張春壽，有聘過東港街橋頭曾有義之女，名喚烏肉娘，年登參拾參歲，未有伉儷。夫妻反目，不能正室，兼之春壽出外漂流，日食難度，有第貳胎兒子，名叫日本，年登貳歲，勢不得已，外托中引就曾有義向與張春壽贖回到家許配，三面言議身價聘禮銀共肆拾大圓正；其銀即日同中親收交訖，其烏肉娘併兒子聽與有義娶過到家待嫁。惟願麟趾呈祥，螽斯衍慶，與張家無涉，不得爭長較短，異言生端之事，亦無來歷交加不明情弊；如有不明等，張春壽一力抵擋，不干銀主之事。
>
> 此係二比甘願，各無反悔，口恐無憑，今欲有憑，合立出贖回改嫁甘願字一幅，付執永遠存炤。
>
> 　　即日同中親收過身價聘禮銀共四拾大圓，再炤。
>
> 光緒二十三年月　日　　　　　　　　　　知見人　張門許氏
>
> 　　　　　　　　　　立出贖回改嫁甘願字人　張春壽
>
> 　　　　　　　　　　代筆人　施允升〔註 59〕

　　張春壽自言與妻子反目、出外漂流與日食難度，所以將妻子及第貳胎兒子交給岳父家贖回，聘禮銀共 40 大圓。表示張春壽還有另一位孩子是跟著自己，但因其他長期漂泊在外以賺取生活薪資，烏肉娘的生活困頓可想而知。女子依附在家庭之下，求取安頓之所、身家溫飽，若真如張春壽自言，其夫婦之間的爭吵在所難免。因此契書所載贖回改嫁是因為「夫妻不睦」，其中應

〔註 58〕陳主顯：《台灣俗諺語典・卷五婚姻家庭》，（台北：前衛出版社，2000 年），頁 277。

〔註 59〕台灣銀行經濟研究室編輯：《台灣私法人事篇上》，（南投：台灣省文獻委員會，1994 年），頁 397～398。

該不乏「貧窮」的因素。

　　烏肉娘已經 33 歲，再加上連同兒子一起贖回母家。對比之前契書中的女性，皆是貳拾來歲，烏肉娘再次轉嫁的機會大大降低。但若是不贖回，恐怕是此等貧困的日子將不斷輪迴，因此彼此同意拆嫁逃生。

　　下則契書發生在光緒二十年（西元 1901 年），相較於其他語氣強勢、立場強硬，本契書說明委婉，語氣和緩，也可以看出贖回乙事背後的複雜因素：

> 立甘願聽贖身字人孫向章，緣於前年間，有憑媒明娶林捱之妹林氏好涼為妻，現庚二十七歲。罔料自娶過門以來，夫妻反目，亦無生男育女。語云：「合則留，不合則去」，而章近來家中甚然缺乏，不能自衛，焉能承當林氏好涼，再四思維，若不及早設法，誠恐有誤好涼青年。爰是托媒向伊外家兄林捱相議，聽其備銀贖回，別配佳偶。時當媒三面言定，贖身價銀貳拾四大員正。其銀即日章同媒交收足訖，隨將林氏好涼交付伊兄帶回家中，任從擇配良人，嗣後生男育女，與孫家無涉，章亦不敢異言滋生事端。此係二比甘願，章無力耽承，並非外家誘拐，亦非好涼不守婦道，追勒吵鬧，只因家貧難以相持，從今一贖千休，永斷割藤。此乃二比甘願，各無反悔，恐口無憑，今欲有憑，合立甘願聽贖身字一紙，付執為炤。
>
> 批明：其銀即日章同媒三面親收過贖身字內佛銀貳拾四大員正足訖，炤。
>
> 光緒二十七年一月　日　　　　　　　　　代筆人　林式金
> 　　　　　　　　　　　　　　　　　　　　　媒人　郭魚
> 　　　　　　　　　　　　　　　　　　　場見人胞兄　孫向榮
> 　　　　　　　甘心情願立甘願聽贖身字人　孫向章〔註60〕

　　佛門偈語：「今生一照面，前世多少香火緣」，更何況是「一夜夫妻百日恩」。孫向章離婚贖身契書中提及離婚的原因：夫妻反目、無嗣、家中缺乏甚然難以相待，不得已向妻子的胞兄提出退婚之議。夫妻反目及無嗣等皆可以成為「七出」的原因，但孫向章最後將退婚歸因於自己「家貧」，無外家誘拐、非妻子不守婦道，但從文中發現，此次贖回改嫁背後因素是綜合且

〔註60〕台灣銀行經濟研究室編輯：《台灣私法人事篇上》，（南投：台灣省文獻委員會，1994 年），頁 393～394。

複雜。因此推估每件契書背後考量的因素，不單單只是字面上簡單的寥寥數語。

　　文中「再四思維」、「及早設法」等字眼，是其他契書中比較少見的，推測本夫於離別之前最後的溫柔，協助妻子留下好名聲，以利他日再覓良緣，好聚好散。

　　除了丈夫主導「贖回」一事之外，也有家中親戚長輩出面主持大局的情形，契書如〈謝文福甘願贖字〉下：

> 立出甘願贖字人九塊厝莊謝文福，有一表弟名獅，配妻下冷水坑莊葉漏馬之女名杏娘。因夫妻不和，養母黃選娘無奈，願將此女贖回，三面言定價銀七十大圓；其銀、女即日同媒兩相交訖明白。日後生子及孫與劉家無干，並非私弊姦拐脫逃。倘若風水不虞，乃天之命。此係二比甘願，各無反悔，口恐無憑，合立出甘願贖字壹幅，付執為炤。

光緒三十年六月　　日

為媒人　黃央

立甘願贖字人　謝文福

知見人　黃選

代筆人　王水變〔註61〕

　　此契書發生在光緒三十年（西元 1904 年），其特別之處在於所提及的人物眾多：第一、立此契書者非丈夫本人，而是表哥謝文福，本夫則是其表弟獅；第二、表弟的全名為何？可從契書的第三行推知：「日後生子及孫與劉家無干」，劉家推斷為丈夫本人，也就是劉獅。劉獅有何難言之隱，不能自己立契書，不能直接寫出本名，推論是為了規避當時的法律責任。第三、杏娘為黃選娘的養女，推知當時臺灣社會存在著買賣子女賣給他人當養女的情況。

　　文中丈夫本人並未出聲，所謂的夫妻不睦也是出於表哥謝文福所言，推測謝、劉兩家為親戚關係的大家族，今劉家有事，謝家長輩出面代表處理。從契書中可知，縱使丈夫健在，夫家的人亦有權利決定女性的去留，婦女結婚不是嫁給一個人，而是嫁給一個家庭。當時女性的生活處境令人憐憫。

〔註61〕台灣銀行經濟研究室編輯：《台灣私法人事篇上》，（南投：台灣省文獻委員會，1994 年），頁 397。

2. 內容簡短、強調身價銀之契書

臺灣私法中提到：贖身字與休書稍有不同，贖身字大多記載夫妻不睦的原因，休書大多記載妻的惡行。又贖身字一定記載贖身金額，休書僅少數記載贖身金額。〔註62〕但有些契書內容過於簡短，似乎不是為了釋明過去的彼此不合之因，而是強調未來兩人分飛後的權利。

下則契書，相較於其他契書寫「甘願贖回」、「甘願聽贖身」等等字眼，本契書直接寫明甘願領回「身價」，內容也非常簡短，重點意在標明身價銀，付執為據。

> 立甘願領回身價字人內埔莊林順奎，今因先年娶同莊鐘成桂之女名玉妹為妻，奈夫妻反目，鐘成桂願備還身價銀五拾元交順奎收領，其鐘玉妹任從鐘成桂改嫁別人。二比甘願，日後不敢反悔，恐口無憑，立甘願領回身價字一紙，付執為據。
>
> 光緒三十一年參月廿五日　　　　　　　　在場說合人　李二妹
> 　　　　　　　　立甘願領回身價字人　　林順奎〔註63〕

短短四行字中，只有「夫妻反目」是說明原因，其餘的內容皆是在交代後續事宜，拿回身價銀成為林順奎和鐘家最後的聯繫，事實無從得知，但夫權依舊將婦女任意嫁賣。到了 20 世紀初葉，婦女仍舊沒有自主權。為了確立雙方的權利才寫下此契書。事情發生在光緒三十一年（西元 1905 年），與前幾個契書對照，代表當時贖回改嫁的情事不少見。

> 立贖回字人硐　山仔腳莊陳添助，妻林蚓娘，年紀二十二歲。夫妻二人不和合，添助外托媒人將願收劉氏蜂娘，即日收過龍銀貳拾大圓，交媒收足訖，林蚓娘交媒回家，劉氏蜂娘議配他人，以添助房親人等無干。自情願收銀兩，後日再無異言生端。二比甘願，各無反悔，口恐無憑，今欲有憑，立贖回字為炤。
>
> 光緒三十一年五月　日　　　　　　　　　代筆人　林慶璋
> 　　　　　　　　　　　　　　　　　　　為媒人　林氏

〔註62〕臺灣總督府‧臨時臺灣舊慣調查會，臺灣省文獻委員會編，陳金田譯：《臨時臺灣舊慣調查會第一部調查第三回報告書：臺灣私法第二卷》，（南投市：臺灣省文獻委員，1993 年），頁 576。

〔註63〕台灣銀行經濟研究室編輯：《台灣私法人事篇上》，（南投：台灣省文獻委員會，1994 年），頁 396～397。

知見人　陳天成

立贖回字人　陳添助〔註64〕

　　此契書中發生在光緒三十一年（西元 1905 年），文中贖回人「劉氏蜂娘」和妻子林虯娘是什麼關係值得存疑。依據（1902 年）〈林阿九贖身收銀〉契書中，由外家「周門王氏親生母」贖回歸家——親生母親贖回；（1904 年）〈謝文福賣妻及子字〉契書中——由「養母黃選娘」贖回。「劉氏蜂娘」是林虯娘的親生母親？還是由媒人找到的新買主？

　　本契書名為「贖回字」，定義上是由生家贖回，因此推斷劉氏蜂娘是林虯娘的母親，而不是以嫁娶之名，行變賣之實的可怕現況。文中內容僅僅只有四行，無從判斷與貧困及求嗣的關係。但筆者發現越接近 20 世紀初，因夫妻不和而要贖回的情況越多。

　　律法明定禁止買賣妻妾，實際上為了保護雙方的權益，在撰寫契書時也有不願透露真名的情況。下則是委託公親「某」評斷的贖身字：

　　　　立甘願交還字人林苟三，率男林舟求，先年憑媒聘娶得本莊黃
　　　增添之女為媳，今因夫妻反目，不能和諧，難以共處，二比甘願，
　　　託得公親前來措斷明白，將媳交還伊生父母另配。即日經公親措
　　　斷，賠還身價銀若干元正。自交還之後，不得異言反悔，另生事端
　　　等情。恐口無憑，立甘願交還媳事一紙，付執為據。

　　　　何年　月　日　　　　　　　　　　　　　　　公親　某

立交還字人　林苟三〔註65〕

　　正所謂：清官難斷家務事，林苟三的家事不同於一般的情況，請族內親戚商議決定，而是請某公親措斷，幾個人的三年兩語、隻字片語便決定了婦女的命運。用字遣詞：甘願「交還」字人、「賠還」身價銀等，都是以女為貨的思維。另外，契書上未載明年月日，公親的姓名以「某」代替，沒有媒人、在場人、知見人等，此契書的目的只是為了確保自身權益，而不想張揚，故林苟三改由公親代為理論。

〔註64〕台灣銀行經濟研究室編輯：《台灣私法人事篇上》，（南投：台灣省文獻委員會，1994 年），頁 396。
〔註65〕台灣銀行經濟研究室編輯：《台灣私法人事篇上》，（南投：台灣省文獻委員會，1994 年），頁 389。

（二）其　他

1. 家中不能和順

若是因為「夫妻反目」的情況而要求外家贖回，都沒有書寫改嫁的對象，而若因「家中不能和順」而贖回者，有的甚至連改嫁的新任丈夫都寫在契書上：

> 立離緣字人陳九五，前年曾娶過李四之女為妻，名喚阿葉，今年二十三歲。當日憑媒面議，聘金貳百大元正，交收足訖。茲因違逆翁姑，時聞交謫之聲，更復不能安貧，常出怨尤之念，律以婦人四德，實有可出之條，雖欲忍以安之，奈生成若性，留亦無益。故不得已再托冰人，向外家李四重議廢親，聘金願折其半，粧奩則聽其取去，凡吾家所有之物，雖絲毫毋得干犯。此係父母之命，抑亦與吾緣絕，即日收回聘金，彼婦聽媒率去，任憑別嫁，一出千休，情根永斷。口恐無憑，即立離緣字壹紙，付執為炤。即日，九五同媒親收過字內聘金銀壹百大元正足訖，炤。
>
> 道光二十三年十一月　　日
>
> 　　　　　　　　　　　　　　　　代書人　　張金生
> 　　　　　　　　　　　　　　　　為媒人　　黃水池
> 　　　　　　　　　　　　　　　　知見人　　陳火木
>
> 　　　　　　　　　立離緣字人　　陳九五〔註66〕

漢代班昭《女誡》：「女有四行：一曰婦德，二曰婦言，三曰婦容，四曰婦功。」而「不順父母」為七出之條。道光二十三年（西元 1843 年）契書中妻子李阿葉種種行徑，為丈夫及夫家所不容，因此向其娘家提出「廢親」之議：拿回一半的聘金，原本妻子帶來的妝奩亦可全數帶走。

此契書為離緣字，但是將妻子退還給本家，因此依然屬於贖身字的範疇，標明緣由及聘金內容以保障雙方。顯示婚姻中夫妻的結合，除了父母之命、媒妁之言，聘金也是聯繫雙方的一大主因。

拿回聘金銀 100 大元（折半），代表當時迎娶時聘金為 200 大元。對比筆者收集到的 1821 年贖身字身價銀為 30 大員，可知此契書中的陳家、李家都是經濟生活中等的階層。文中卻出現「不能安貧」之語，再加上翁姑、丈夫的

〔註66〕臺灣銀行經濟研究室編輯：《台灣私法人事編上》，（南投：臺灣省文獻委員會，1994 年），頁 387～388。

言之鑿鑿，此次離緣當如契書所言之事實。

　　一般而言，立休妻書或者是贖身書者以多以男方為主，因休妻牽涉到金錢問題時，仍需要媒人、代書人、見證人議定之後，明立契約。上則離緣書先說明離緣的原因，故托媒人向外家商議。雖是奉「父母之命」但是主立契約人仍為當事人。當契約成立的同時，「彼婦聽媒率去，任憑別嫁」，女方改嫁男方就無插手的餘地。

　　2. 夫　病

　　道光元年（西元 1821 年）的契書，記載丈夫死後由後叔贖回之事。

立續回字人棟東上保葫芦墩西勢庄張水妻林氏名懆忿娘年登式拾
肆歲水等身中帶疾七年並無討赳無奈托中到後叔王塹家中求續甜
願收佛銀三拾大員□可醫疾病銀即日同中交收足仡忿娘遂續回家
任從與王塹婚姻主配別處不敢阻當此係二比兩願日後各無反悔恐
口無憑立續回字壹紙為炤

立贖回字人張永（指印）

在場人母親張羅氏（指印）

作中人徐張氏（指印）

知見人張林氏（指印）

道光元年陸月拾玖日〔註67〕

　　忿娘正值花信年華，其夫張水已生病七年，家中定是窮困潦倒、窮途末路，將妻子讓後叔贖回家中轉嫁，並將此金錢用於醫療，處境堪憐。在文末，在場人母親張羅氏是張水的母親、代表生病的張水尚有母親需要奉養，自己又生病，因此將妻子退婚，若能藉此機會康復實屬萬幸，若否，失去了能照顧家人的妻子，張水必定陷入深淵。

　　在清末台灣社會所運行的離婚習慣，我們以契字為素材，可以看出離婚字的作成乃是由夫或是夫家作成，交給妻家或是後夫，我們看不到作為女性，她的意志在其中有何作用。〔註 68〕忿娘重新回到娘家，將來也有機會

〔註67〕馮明珠、李天鳴主編：《臺中東勢詹家清水黃家古文書集》，（臺北：國立故宮博物院，2008 年十月初版一刷），頁 77。

〔註68〕陳昭如：〈日本時代臺灣女性離婚權的形成——權力、性別與殖民主義〉，若林正丈、吳密察主編：《台灣重層近代化論文集》，（臺北：播種者文化有限公司，2000 年），頁 214。

再次改嫁，因此也能改變自己的命運。在貧病交迫之下，所做出的不得已的
選擇。

3. 夫　死

呈祥

同立合約贖身字人楊厚　郭陳氏　緣因厚有一子楊冬瓜、年已長
大、憑媒作合、於明治三十一年、婚娶郭陳氏之女名喚郭涼、結為
夫婦、本效鸞鳳和鳴之計、以望百年偕老之期、詎料、厚之子楊瓜、
不幸忽於明治三十二年十一月間、永訣千秋拋辭塵世、厚夫婦相議、
願將此兒媳郭涼付伊生母郭陳氏贖回歸家、或招婚或配婚、任從其
便、倘日後郭涼生子傳孫、與楊厚無干、而楊厚所有的家業物產、
亦與郭涼無涉、此乃二比甘願、不能滋生事端、別生枝節、各無異
言反悔、口恐無憑、口筆有據、同力合約贖身字壹樣貳紙、各執壹
紙、永遠從炤

批明、厚即日同公人親收過贖身價洋銀陸拾大員正、足訖炤

代筆人　楊燦然

公人　王匏

場見人　楊蔡氏

同立合約贖身字人　楊厚　郭陳氏

明治三十三年即陰曆庚子歲五月〔註69〕

　　當丈夫過往之後，夫家會協調遣孀之娘家將女子贖回，若否，則由夫家
改嫁。明治三十三年（西元1900年）此案例中因為丈夫過往，因此由公婆將
媳婦歸還其娘家，任由其婚配。因丈夫過世，妻子旋即被夫家退還本家，人
情之淡堪比紙薄。文中提到：而楊厚所有的家業物產、亦與郭涼無涉。推斷
若郭涼繼續待在婆家，之後定會發生家產分配的問題，公婆將媳婦讓生母郭
陳氏領回，避免後續紛擾。女子在婆家的身份，除了最主要的傳承後嗣之外，
文中的郭涼，感覺是這個家族的局外人一般，在夫死之後，歸還給外家。從
夫病和夫死兩則贖身字可知，依附於家庭之中的女子，以「夫」為天的現況。

4. 不明原因

昭和十年（西元1935年）三月十二日南投郡南投街南投四四二番地（今

〔註69〕〔日〕杵淵義房：《台湾社会事業史》，（德友會出版，1940年4月），頁462。
〔註69〕〔日〕杵淵義房：《台湾社会事業史》，（德友會出版，1940年4月），頁462。

南投縣南投市）林張氏春之代理人鄭氏妹彰化市番社口四二番地林文吱立契約書

契約書

南○〔投〕郡南○〔投〕街南○〔投〕〔註70〕四四式〔貳〕番地林張氏春之代理人鄭氏妹為甲、彰化市番社口〔註71〕四式〔貳〕番地林文吱為乙、○〔關〕于林張氏春離婚契約條件，締結如左：

第一條　乙與林張氏春夫婦，今般因都合上恊〔協〕議離緣〔緣〕，而甲本日依文吱夫婦之承諾，贖回阿春確實之事。

第二條　贖囬〔回〕身價金式〔貳〕百円〔圓〕本日乙對甲親○〔收〕足訖，但離婚手續尚未屆出若〔註72〕阿春有一定住所時，由甲之請求，不論何時，乙要押印付與甲手續之事。

第三條　自本日起、對林張氏春之保護權，全部帰〔歸〕與甲，而乙一切無○〔關〕係之事。

第四條　結婚當時之諸物件，不能再提起○〔問〕題，現時各人所有各得之事。

第五條　若戶口手續上，乙有延遲者，甲對民事請求判決〔決〕，乙全不能異議之事。

右之契約條件、二比喜悦，各無反悔，口恐無憑，特立同樣式〔貳〕通，各執壹〔壹〕通為照。

昭和十年（1935年）三月十二日

右

甲林張氏春（印）

右代理人鄭氏妹（印）

乙林文吱（印）

右戶主林○〔捷〕

〔註70〕南投郡南投街南投指今南投縣南投市龍泉、康壽、三民、仁和、南投、彰仁、崇文等裡。

〔註71〕彰化市番社口指今彰化市香山裡及牛埔、茄苳等裡一部分。

〔註72〕從《日治時期戶籍登記漢字稱謂用語概解》中提到，「屆出」的意思就是提出申請

彰化市北門〔門〕町〔註73〕四四八番地

仲介人葉坤山（印）

仝所四八 11 番地

仝上林邁（印）

　批明：若生出訴訟者，訴訟費用各人自己負擔〔擔〕。（印三）

〔註74〕

　　發生在昭和年間的此篇契書，時間來到了 1935 年，亦是日據時代結束前十年。此篇契書的寫法已經同之前的契書迥異，文中提及「在戶口手續上，乙有延遲者，甲對民事請求判決」，看起來代表妻子的甲方，更積極的想要快點脫離這段婚姻。道光二十三年（西元 1843 年）的〈陳九五離緣字〉，契書當中寫道「彼婦聽媒率去」；明治三十六年（西元 1903 年）的〈徐笋贖回字〉中，內容寫道「隨時贖回林家，改嫁他人」。與上兩則契書相較，女方的立場似乎更加強硬。

　　文中出現的「代理人」、「離婚契約」、「戶口手續」、「民事請求判決」等文字，是之前的契書中不曾出現的。代表在日據時期，針對離婚與贖回之事，當時的人民是把兩件事情視為同一件，因為協議離婚，因此付身價銀贖回，似乎是一件可公開的事情了。

　　以贖身字的契書來看，筆者發現契書的形式及內容大同小異：除了本夫以及婦女姓名、身價銀、見證人等基本資料外，最常出現的句子是──由某人「一力抵擋」、「二比甘願」、「恐口無憑」、「無奈」、「不甘某某人之事」等。推知「以賣妻之名贖回婦女」乙事在台灣民間應該行之有年，故契書寫法相似度極高。

　　此外，贖回本家的婦女年紀非常輕：〈陳興官甘願字〉的腰娘 28 歲、〈呂謀贖回改嫁字〉的草娘 26 歲、〈孫向章贖身字〉的好涼 27 歲、〈林阿九贖身收銀字〉女涼 21 歲、〈陳添助贖回字〉林蚼娘 22 歲、〈陳九五離緣字〉阿葉 23 歲、〈張水贖回字〉忿娘 24 歲，此 7 位女性，年紀在 21～28 歲之間，正式適合生育的年齡。若以歷代典、賣妻的主因之一求嗣來看，並不合理。推測贖回契書背後的現實因素複雜且多元，非書面單純所見。

〔註73〕彰化市北門町在今彰化市

〔註74〕洪麗完：《臺灣社會生活文書專輯》，（臺北：中研院臺史所籌備處，2002 年），頁 360。

　　本文所錄共 17 則契書，內容從西元 1821 年～1935 年，也就是道光元年至昭和十年。其中除了最早的 1821 年〈張水贖回字〉和 1843 年〈陳九五離緣字〉之外，其餘的 15 則皆發生在 1881 年之後，而且書寫內容相似度高，代表在台灣各地發生贖身之事，層出不窮。

　　且在日據時期的小說作品，也有討論到相關的題材。〈國文天地〉〔註 75〕中收錄的在淑芝〈宿命的女性——論龍瑛宗的〈一個女人的記錄〉和〈不知道的幸福〉〉，以此兩篇文章為基礎，探討了龍瑛宗作品當中所關照的女性問題，例如：「為什麼女人非被賣掉不可」、「服從命運是女性的義務」等等，反映出女性不斷的流轉於本家、賣家、夫家，沒有自主的權利，只能在命運底下低頭的命運。但是相較於清末的時期，女性的角色漸漸轉變，從契書中無聲的角色，轉變成能主動到法院有力的抗爭。以下章節將討論日據時期日本官方對於典、賣妻紛爭的處理態度與結果進行分析。

〔註 75〕莊淑芝：〈宿命的女性——論龍瑛宗的「一個女人的記錄」和「不知道的幸福」〉，〈《國文天地》第 5 期 1991 年第 7 卷），頁 29～34。

第四章　對典、賣妻風俗的法律爭議

　　歷代以來對於遏止典、賣妻的風俗，不遺餘力。據筆者收集的台灣契約，從清末到光復前來看，清末賣妻鬻子的情況依舊。蘇成捷〈清代縣衙的賣妻案件審判〉中點出：清代（西元 1644～1912 年），賣妻是貧窮所引發的一種普遍的生存策略，其研究的地方官府檔案裡 80% 以上、刑科題本裡有 75% 都是由貧窮所引起的。〔註1〕。而官方的法律規定與爭議情形說明如下。

第一節　清代時期法律

　　明清之際，統治者對典婚惡習在法律上有了具體、明確，也更加嚴厲的規定和處罰：清朝統治者完全沿用了明朝的〈戶律‧婚姻‧典雇妻女〉、〈刑律‧犯姦‧縱容妻妾犯姦〉、以及〈刑律‧賊盜‧略人略賣人〉的規定。並在《大清律輯注》中又進行了詳盡的補充說明，而禁罰越是具體，代表典雇婚越是嚴重。

　　〈典雇妻女〉〔註2〕

　　凡將妻妾受財（立約出）典（驗日暫）雇與人為妻妾者，（本夫）杖

〔註1〕清律規定在以下這三種情況下，准許妻子可以「從夫嫁賣」，包括已判定犯姦、背夫在逃、用計逼勒本夫賣休。但本夫必須已經先將這些犯行呈報並得到官員許可，否則嫁賣妻子的行為仍屬非法。參見薛允升原著，黃靜嘉校訂：《讀例存疑重刊本》，（臺北：成文出版公司，1970 年），第 116-00、116-01、366-00、367-00 各條律例。

〔註2〕〔清〕沈之奇撰：懷效鋒、李俊點校：《大清律輯注》（上），〈大清律集解附例卷之六〉戶律婚姻，（北京：法律出版社，2000 年版），頁 256。

八十。典雇女者，（父）杖六十。婦女不坐。若將妻妾作姊妹嫁人者，

杖一百；妻妾杖八十。知而典取者，各與同罪，並離異，（女給親，

妾歸宗），（妻）財禮入官；不知者不坐，追還財禮。（仍離異）。

　　對比明律中的記載，清律中括號中的文字是補充說明。針對杖刑的對象、典妻的歸宿、判決的結果都有了更明確具體的說明，甚至進一步針對「典」與「雇」釋義：

　　〔律後註〕：以價易去，約限贖回曰典，此仍還原價者，如典田宅之類也；計日受直，期滿聽歸曰雇，此不還原價者，如雇傭工之類也。〔註3〕

　　〔律後註〕：必立契受財，典雇與人為妻妾者，方坐此律。今之貧民，將妻女典雇與人服役者甚多，不在此限。〔註4〕

　　典雇妻女中的「典」必須要備金贖回，以錢換人；而「雇」則是以日計價、以勞力論錢的方式，兩者相異。但律令的使用範圍皆在「將妻女典雇予他人為妻妾」的情況下。此外，文中更提到「將妻女典雇與人服役者甚多」，顯示婦女被典雇的情形，在清代惡化的更嚴重，隨意典雇情形極為氾濫。

　　而〈刑律犯姦縱容妻妾犯姦〉〔註5〕內文與明代對照增加了：其因姦不陳告，而嫁賣與姦夫者，本夫杖一百，姦夫、姦婦各盡本法。意即若妻妾犯姦不可任意嫁賣，須報官處理。同時也遏止隨意丈夫因任何理由賣妻。而〈刑律盜賊略人略賣人〉〔註6〕與明律相同。兩則律令皆有律後說明，對於

〔註3〕〔清〕沈之奇撰；懷效鋒、李俊點校：《大清律輯注》（上），〈大清律集解附例卷之六〉戶律婚姻，（北京：法律出版社，2000年版），頁256。

〔註4〕〔清〕沈之奇撰；懷效鋒、李俊點校：《大清律輯注》（上），〈大清律集解附例卷之六〉戶律婚姻，（北京：法律出版社，2000年版），頁257。

〔註5〕〔清〕沈之奇撰：懷效鋒、李俊點校：《大清律輯注》（上），〈大清律集解附例卷之二十五〉刑律犯姦，（北京：法律出版社，2000年版），頁915～916。凡縱容妻妾與人通姦，本夫、姦夫、姦婦，各杖九十。抑勒妻妾及乞養女與人通姦者，本夫、義父，各杖一百，姦夫杖八十。婦女不坐。並離異歸宗。若縱容抑勒親女，及子孫之婦、妾與人通姦者，罪亦如之。若用財買休、賣休，（因而）和（同）娶人妻者，本夫、本婦及買休人各杖一百。婦人離異歸宗，財禮入官。若買休人與婦人用計逼勒本夫休棄，其夫別無賣休之情者，不坐。買休人及本婦，各杖六十，徒一年。（其因姦不陳告，而嫁賣與姦夫者，本夫杖一百，姦夫、姦婦各盡本法。）婦人餘罪收贖，給付本夫，從其嫁賣。妾減一等。媒合人各減犯人（賣休及逼勒賣休）罪一等。

〔註6〕〔清〕沈之奇撰：懷效鋒、李俊點校：《大清律輯注》（上），〈大清律集解附

規範的解釋更加全面、對於風俗的防範加倍嚴謹。在清代對於買賣妻妾是明文規定、嚴令禁止，面對真實的案件，是否能反映在官方的判決上？依據〈清代縣衙的賣妻案件審判：以 272 件巴縣、南部與寶坻縣案子為例證〉研究指出：幾乎有一半左右的裁斷違背了該律，特別令人驚訝的是有三分之一的裁斷准許第二段婚姻存續，實際上等於是追認合法化了非法的賣妻交易。〔註7〕與〈妻可賣否？——明清時代的賣妻、典妻慣行——〉的研究結果——幾乎所有的案件，都允許被賣的妻和後夫完聚〔註8〕，不謀而合，說明再細密的法網依舊擋不住風俗的擴大。

　　為何官方的判決是「追認賣妻交易」？因為維持第二婚姻對官方還是最方便而順利的解決方式〔註9〕。本夫有此舉，最主要是為了錢財，而被典、

例卷之十八〉刑律賊盜，（北京：法律出版社，2000 年版），頁 615～616。凡設方略，而誘取良人（為奴婢），及略賣良人（與人）為奴婢者，皆（不分首從、未賣）杖一百，流三千里。為妻、妾、子、孫者，（造意）杖一百，徒三年。因（誘賣不從）而傷（被略之）人者，絞（監候）。殺人者，斬。（監候。為從，各減一等。）被略之人不坐，給親完聚……○若和同相誘（取在己）及（兩）相（情願）賣良人……為妻妾子孫者，杖九十，徒二年半。被誘之人減一等。（仍改正給親。）未賣者，各減（已賣）一等。十歲以下，雖和，亦同略誘法……其（和略）賣妻為婢，及賣大功以下（尊卑）親為奴婢者，各從凡人和略法。若（受寄所賣人口之）窩主及買者知情，並與犯人同罪。（至死減一等）牙保各減（犯人）一等。並追價入官。不知者，俱不坐。追價還主。

〔註7〕〔美〕Matthew H．Sommer, The Adjudication of Wife-Selling in Qing County Courts: 220 Cases from Ba, Nanbu, and Baodi Counties（由巴縣、南部縣與寶坻縣 220 件案例檢視清代法庭對嫁賣妻子罪刑的審理），宣讀於 2005 年 10 月 13 日至 15 日「明清司法運作中的權力與文化」學術研討會，後翻譯為〔美〕蘇成捷（Matthew H．Sommer）著，林文凱譯：〈清代縣衙的賣妻案件審判：以 272 件巴縣、南部與寶坻縣案子為例證〉，收於邱澎生，陳熙遠編：《明清法律運作中的權力與文化》，（臺北：中央研究院、聯經出版，2009 年），頁 362。

〔註8〕〔日〕岸本美緒著，李季樺譯：〈妻可賣否？——明清時代的賣妻、典妻習俗——〉，收錄在陳秋坤、洪麗完主編：《契約文書與社會生活：台灣與華南社會（1600～1900）研討會論文集》，（台北：中央研究院台灣史研究所籌備處，2001 年）。原發表為〔日〕岸本美緒，〈妻を売ってはいけないか？明清時代の売妻・典妻慣行〉，《中国史学》，東京，1998 年第 8 期，頁 225。

〔註9〕〔美〕Matthew H．Sommer, The Adjudication of Wife-Selling in Qing County Courts: 220 Cases from Ba, Nanbu, and Baodi Counties（由巴縣、南部縣與寶坻縣 220 件案例檢視清代法庭對嫁賣妻子罪刑的審理），宣讀於 2005 年 10 月 13 日至 15 日「明清司法運作中的權力與文化」學術研討會，後翻譯為〔美〕蘇成捷（Matthew H．Sommer）著，林文凱譯：〈清代縣衙的賣妻案件審判：以 272 件

賣的婦女也有所依歸，如同岸本的研究指出：地方官對紛爭的裁決，與其說是依據所定之法來判決可否，不如說是在對弱者的關照和對惡者之懲罰的兩極之間，探尋避免紛爭的最適當的點〔註10〕。如上所述，典賣妻妾情形氾濫，案件層出不窮，官方若依法辦理、依附於家庭中的婦女，將頓失歸宿，進而衍生出新的社會問題。改善社會貧窮問題才是釜底抽薪的辦法。

下列是一則案件發生在乾隆二十五年（西元 1760 年）的文獻資料〈貧民賣妻嚴禁棍徒妄為洗街通聞名色橫分財禮〉乙案，最後童富榮因貧賣妻還債服毒身死乙案：

> 奉批：查童富榮因貧病，不能存活，將妻棄鬻，計圖兩全。與貪財慕色、故賣髮妻者不同。該縣據引犯奸律載賣休買休定擬，是否允協，仰按察司核明，擬議詳奪。〔註11〕

童富榮賣妻求生明知違法，但如此貧病交迫，最終還是難免共赴黃泉。因此鋌而走險，計圖兩全，可憐是最終還是服毒身死，令人唏噓。

對於日食無度而鬻妻的升斗小民，官府認為其與地方惡霸不同，並非只為了橫分財禮，而是僅是抓住生存的最後一根稻草，因此請求上級能否能另案處理，可推知官方人員對於「貧窮而賣妻」是有同情的傾向。

無獨有偶，隔年乾隆二十六年（西元 1761 年），又有署按察使司上奏〈因貧賣妻，分別治罪，別有他故，依律問擬〉：

> 轉賣實屬有乖風化，若因本夫貧病顛連，不能存活，無奈將妻嫁賣，兩圖活命者，是本婦之被出，情不得已，概照買休賣休律擬，似無區別。應如該縣所請，嗣後如有本夫貧極顛連，兩圖活命或因父母病故，棺殮無資，甘心捨妻，或因本夫病危，需費莫措，勢迫出身者，均照浙省毛文魁之例〔註12〕，本夫照家貧將妻不告官嫁賣與人

巴縣、南部與寶坻縣案子為例證〉，收於邱澎生，陳熙遠編：《明清法律運作中的權力與文化》，（臺北：中央研究院、聯經出版，2009 年），頁364。

〔註10〕〔日〕岸本美緒著，李季樺譯：〈妻可賣否？——明清時代的賣妻、典妻習俗——〉，收錄在陳秋坤、洪麗完主編：《契約文書與社會生活：台灣與華南社會（1600～1900）研討會論文集》，（台北：中央研究院台灣史研究所籌備處，2001 年）。原發表為〔日〕岸本美緒：〈妻を売ってはいけないか？明清時代の売妻・典妻慣行〉，《中国史学》，東京，1998 年第 8 期，頁225。

〔註11〕台灣銀行經濟研究室編：《臺灣文獻叢刊資料庫：福建省例》刑政例上（六十三案），（臺北市：臺灣銀行經濟研究室，1964 年），頁860。

〔註12〕〔日〕岸本美緒著，李季樺譯：〈妻可賣否？——明清時代的賣妻、典妻習俗

為妻妾，依不應重律擬杖八十，婦人仍歸後夫。媒合人等各減一等。
後夫不查明來歷，擬依不應輕律笞四十，財禮免追。通飭各屬一體
遵照辦理。如有後夫與婦人和同在先，本婦亦有背夫，本夫無恥貪
財，因而賣妻，與別有他故者，仍各依律問擬，不許稍有寬縱，以
期情罪平允。〔註13〕

　　毛文魁貧病交迫而賣妻的案例，官方最後判決結果：妻子與後夫完聚。
此一判例違反了清律的規定，但若以情、理、法而言，此判決是為了讓婦女
有所歸宿而做的折衷之法。原本官府的立場是懲惡揚善，端正社會風俗。上
面兩則文獻官方同情貧困的民眾，意圖網開一面。但從另一個角度來看，此
案一出，規定亦有可能被濫用，將導致惡質性的「典雇妻女」、「買休賣休」事
例進入無限反覆的惡性循環。雖然非本意，但此舉非但不能將典、賣風俗斬
草除根，反而是抱薪救火。清代下層地方官針對貧窮賣妻的處理方式是從底
層抑止風俗或是同情弱者，上層朝廷大臣對於解決「典、賣妻」情況是全面
擴大抑制，對於風俗的成因「貧窮」並沒有實際措施與辦法，形成上有政策、
下有對策的特殊情況。

　　台灣清治時期的傳統中國法例可以被描述為是一個官府制定法與民間習
慣並行的體系〔註14〕。從官府制定法的規定來看，女性在離婚中的位置是被
動消極的，官府權威的介入，也僅是為了維持禮教秩序而非為了賦予當事人
請求的權利。在清末台灣社會的運行實態，官府制定法的規定泰半沒有被民

　　　　──〉，收錄在陳秋坤、洪麗完主編：《契約文書與社會生活：台灣與華南社會
　　　　（1600～1900）研討會論文集》（台北：中央研究院台灣史研究所籌備處，2001
　　　　年）。原發表為〔日〕岸本美緒：〈妻を売ってはいけないか？明清時代の売妻・
　　　　典妻慣行〉，《中国史学》，東京，1998年第8期，頁244。乾隆十三年（1748）
　　　　會稽縣的毛文魁之案件，由此可以一窺在省的層級上「因貧賣妻」規定的成立
　　　　和傳播。毛文魁因病，加上和妻子蘇氏間口角不斷，於是將蘇氏偽作未亡人賣
　　　　與沈阿相，收受財禮銀十二兩。縣府將毛文魁、蘇氏及媒人以賣休律擬罪，沈
　　　　阿相雖不知情，但不查明來歷亦有不合，照應不應重律，處罰杖八十。若從賣
　　　　休律的規定，蘇氏應和毛文魁、沈阿相離異，回歸宗家，但因無家可歸，請將
　　　　蘇氏仍給沈阿相完聚，財禮入官。
〔註13〕台灣銀行經濟研究室編：《臺灣文獻叢刊資料庫》（福建省例）刑政例上（六
　　　　十三案），（臺北市：臺灣銀行經濟研究室，1964年），頁864～865。
〔註14〕陳昭如：〈日本時代臺灣女性離婚權的形成──權力、性別與殖民主義〉，若
　　　　林正丈、吳密察主編：《台灣重層近代化論文集》，（臺北：播種者文化有限公
　　　　司，2000年），頁212。

間所遵行，甚至官府本身也沒有嚴格遵守律例的規定，對於離婚的規制採取相當消極的態度。〔註15〕時至日據時期的台灣，是否有所改善？筆者分析如下。

第二節　日據時期法律

　　古來以婚姻為人事大禮，同時並以離婚為人事大變，律例亦設處罰無故離妻的規定，而戶律婚姻出妻規定：「凡妻（於七出）無應出（之條）及（於夫無）義絕之狀而（擅）出者，杖八十。」〔註16〕若婦女沒有犯七出的罪過，禁止丈夫單方面的出妻。在民間的習慣上，妻也是不能主動請求離婚的。〔註17〕而在日據時期透過法官造法，開啟了女性權利史的新頁。以下就日據時期的法令規定進行說明。

一、律法嚴令禁止

　　典、賣妻的歷代法律規定，從唐代的「和娶／嫁」人妻律，到了明清之世更是複雜，有「略人略賣人」、「典雇妻女」、「買休賣休」、「縱容（或抑勒）妻妾犯姦」諸律。〔註18〕

　　日據統治初期，台灣對典、賣妻的法律規定：夫對妻妾雖有權力，但除了妻有七出及義絕原因外，不得任意離異，且以不得典雇或嫁賣為原則。〔註19〕大原則與歷代規定相同，《臺灣私法》中可以窺見一二：〈戶律・婚

〔註15〕陳昭如：〈日本時代臺灣女性離婚權的形成——權力、性別與殖民主義〉，若林正丈、吳密察主編：《台灣重層近代化論文集》，（臺北：播種者文化有限公司，2000 年），頁 214。

〔註16〕臺灣總督府・臨時臺灣舊慣調查會，臺灣省文獻委員會編，陳金田譯：《臨時臺灣舊慣調查會第一部調查第三回報告書：臺灣私法第二卷》，（南投市：臺灣省文獻委員會，1993 年），頁 569。

〔註17〕陳昭如：〈日本時代臺灣女性離婚權的形成——權力、性別與殖民主義〉，若林正丈、吳密察主編：《台灣重層近代化論文集》，（臺北：播種者文化有限公司，2000 年），頁 215。

〔註18〕以上俱見如下諸律：〔明〕應檟：《大明律釋義》，收於《大明律釋義　三十卷》卷 25，（上海：上海古籍，2002 年），〈刑律・犯姦・縱容妻妾犯姦〉，頁 197。；〔明〕雷夢麟撰、懷效鋒等點校：《讀律瑣言》（北京：法律出版社，2000 年 1 月），頁 448～449；〔清〕沈之奇撰、懷效鋒等點校：《大清律輯註（下）》（北京：法律出版社，2000 年 1 月），卷 25，〈刑律・犯姦〉「縱容妻妾犯姦」條，頁 915～919。

〔註19〕臺灣總督府・臨時臺灣舊慣調查會，臺灣省文獻委員會編，陳金田譯：《臨時臺灣舊慣調查會第一部調查第三回報告書：臺灣私法第二卷》，（南投市：臺

姻‧典雇妻女律〉〔註 20〕將妻女視為物品典雇與人，並接受錢財者；〈刑律‧犯姦‧縱容妻妾犯姦律〉〔註 21〕將妻妾賣給他人作為妻妾，縱容妻妾犯姦者；〈刑律‧賊盜‧略人略賣人〉〔註 22〕無論是略賣還是和賣〔註 23〕者，皆觸法違規。以法律條文來看，從《明律》、《清律》到日據時代的《臺

灣省文獻委員會，1993 年），頁 554～555。

〔註20〕 臺灣總督府‧臨時臺灣舊慣調查會，臺灣省文獻委員會編，陳金田譯：《臨時臺灣舊慣調查會第一部調查第三回報告書：台灣私法附錄參考書第一卷中》，（臺北：南天書局有限公司，1911 年），頁 126。原文：凡將妻妾受財典雇與人為妻妾者杖八十，典雇女者杖六十，婦女不坐。若將妻妾妄作姊妹嫁人者杖一百，妻妾杖八十知而典娶者各與同罪，並離異，財禮入官、不知者不坐、追還財禮，仍離異。

〔註21〕 臺灣總督府‧臨時臺灣舊慣調查會，臺灣省文獻委員會編，陳金田譯：《臨時臺灣舊慣調查會第一部調查第三回報告書：臺灣私法第二卷》，（南投市：臺灣省文獻委員會，1993 年），頁 556。原文：凡縱容妻妾與人通姦，本夫、姦夫、姦婦各杖九十……若用財賣休，買休（因而）和（同）娶人妻者，本夫、本婦及買休人各杖一百，婦人離異歸宗，財禮入官。若買休人與婦人用計逼勒本夫休棄，其夫別無賣休之情者不坐，買休人及本婦各杖六十、徒一年。婦人餘罪取贖給付本夫。

〔註22〕 臺灣總督府‧臨時臺灣舊慣調查會，臺灣省文獻委員會編，陳金田譯：《臨時臺灣舊慣調查會第一部調查第三回報告書：臺灣私法第三卷》，（南投市：臺灣省文獻委員會民，1993 年），頁 242。原文：家規定凡設方略而誘取人（為奴婢）及略賣良人（與人）為奴婢者，皆（不分首從未賣）杖一百，流三千里，為妻妾子孫者（造意）杖一百，徒三年），因（誘賣不從）而傷（被略之）人者絞（監候），殺人者斬（監候、為從各減一等）被略之人不坐……給親完娶。若假以乞養過房為名，買良家子女轉賣者，罪如之（不得引例，若買來長成而賣者，難同此律）。若和同相誘（取在己）及兩相（情願）賣良人為奴婢者杖一百，徒三年），為妻妾子孫者杖九十、徒二年半，被誘之人減一等（仍改正給親），未賣者各減（已賣）一等，十歲以下雖和同亦同略誘法（被誘略者，不坐）。若略賣和誘他人奴婢者，各減略賣和誘良人罪一等。若略賣子孫奴婢者，杖八十，弟妹及侄姪孫外孫，若己之妾子孫之婦者，杖八十、徒二年（略賣）子孫之妾減二等，同堂弟妹堂姪及姪孫者，杖九十、徒二年半，和賣者減（略賣）一等，未賣者又減（已賣）一等，被賣卑幼（雖和同，以聽從家長）不坐，給親完娶。其（和略）賣妻為婢及賣大功以下（尊卑）親為奴婢者，各從凡人和略法。若（受寄所賣人口之）窩主及買者，知情竝與犯同罪（至死減一等），牙保各減（犯人）一等，竝追價入官，不知者俱不坐，追價還主。

〔註23〕 「和賣」指未經脅迫，屬兩相情願者。《唐律疏議‧名例律》「略和誘人等赦後故蔽匿」條（總 35），疏議曰：「和同相賣者，謂兩相和同，共知違法。」《唐律疏議‧賊盜律》「略人略賣人」條（總 292），疏議曰：「元謀兩和，相賣為奴婢」頁 93、370。清‧沈之奇，《大清律輯註》（北京：法律出版社，2000 年 1 月），卷 18，〈賊盜〉「略人略賣人」條，律後註：「和同者，彼此情願之謂，非如設為方略之所致也。」頁 616～617。

灣私法》中所記載的違法行為與刑罰內容完全相同，一脈相承。相同的規定，皆是嚴令禁止，之前歷朝歷代都嘗試遏止未果，在日據時代會有何改變？以下筆者進行說明。

二、附註條約鬆綁

《臺灣私法》中提到，清代施行於台灣的法律可大別為「成文法」及「慣習法」兩種〔註24〕，當中提及臺灣的「慣習法」淵源於移住民的祖籍，大多是福建及廣東的慣習，例如──典雇買賣子女妻妾的慣習。關於台灣舊慣說明如下：

> 法令認定的所謂舊慣與由臺灣繼承的日本本國慣習，及日據後始發生於臺灣的慣習必須明白劃分。因為後兩者僅依法例第二條具有效力而已，不適合其命令條件則無法律效力。反之，前者已為法律所認定，違反施行於臺灣的法令亦有法律效力，如違反公共秩序或善良風俗時，視為無法律效力則恐非適宜，因為此等慣習已由法律認定，例如賣子、典妻妾及發掘墳墓遷葬等，確實違反公共秩序及善良風俗，且為大律例所禁，但已為臺灣的風俗認定，並為一般慣行時不得不認定其效力。〔註25〕

也就是說日據初期的法律，除了一般明文規定的「成文法」之外：〈戶律・婚姻・典雇妻女律〉、〈刑律・犯姦・縱容妻妾犯姦律〉、〈刑律・賊盜・略人略賣人〉等法條之外，尚有「慣習法」。

如上文所述，分成「舊慣」與「由臺灣繼承的日本本國慣習」、「日據後始發生於臺灣的慣習」，「舊慣已為法律所認定，違反施行於臺灣的法令亦有法律效力」，例如：典、賣妻等等。雖然此風俗違反善良風俗，但是已被民間認定，因此還是必須承認舊慣的效力。換句話說，官方對於民間「典、賣妻」的態度是採不追究的方式。

〈戶律・婚姻・典雇妻妾律〉註有：「據會云：家貧賣妻依不應重，婦人

〔註24〕臺灣總督府・臨時臺灣舊慣調查會，臺灣省文獻委員會編，陳金田譯：《臨時臺灣舊慣調查會第一部調查第三回報告書：臺灣私法第一卷》，（臺中：臺灣省文獻委員會，1990年6月），頁23。

〔註25〕臺灣總督府・臨時臺灣舊慣調查會，臺灣省文獻委員會編，陳金田譯：《臨時臺灣舊慣調查會第一部調查第三回報告書：臺灣私法第一卷》，（臺中：臺灣省文獻委員會，1990年6月），頁27。

仍歸後夫。」〔註26〕因貧窮而賣妻的情況下，不依律法離異而歸後夫，對比之前蘇成捷和岸本美緒的研究殊途同歸，並將其訴諸於文字。嚴格的律令大開方便之門，亦可推知民眾生活的貧苦程度。

此外於〈刑律・犯姦・縱容妻妾犯姦律〉集註，更直接表明准其嫁、賣妻：

> 案據會云：家貧將妻不告官嫁賣與人為妻妾問不應，婦人仍歸後夫
> 等語補足律之未備。蓋因貧賣妻雖律應離異，但本夫既不能養贍或
> 無宗可歸，勢必又將失節轉嫁，不如給後夫，免追財禮。即屬行此
> 禁時，賣者及被賣者皆生活無著，遂准其嫁賣。〔註27〕

歷代的法綱不斷擴編，但仍舊無法阻止風俗蔓延。到了日據時期，兩則成文法之外的註解，同時提及了「貧窮」時可准其嫁賣，妻歸後夫。顯示因為時代戰爭背景而人民的生活情形每下愈況，婦女的地位並未隨著時代的演進而提升。

《臺灣私法》中記載，若妻妾不守婦道，違反倫理行為或有其他一定的理由時，夫得以嫁賣：

（一）姦婦得以嫁賣

（二）妻背夫逃走時，得以嫁賣

（三）妻妾願意時，夫得以將其嫁賣

（四）貧窮不能自贍時得以嫁賣妻〔註28〕

上述情形，寬鬆了法律規範。無論是「濟貧」的思想或是「同情」的心理，都造成風俗野火燒不盡，春風吹又生——日據時期典賣婢女及妻妾子女的事件如雨後春筍。

臺灣的風俗，不僅妻妾有犯姦、逃亡或其他不貞行為時，亦不乏任意典、賣妻妾之行，如俗語：「賣妻省頭嘴」（意是賣妻減輕生

〔註26〕臺灣總督府・臨時臺灣舊慣調查會，臺灣省文獻委員會編，陳金田譯：《臨時臺灣舊慣調查會第一部調查第三回報告書：臺灣私法第一卷》，（臺中：臺灣省文獻委員會，1990 年 6 月），頁 557。

〔註27〕臺灣總督府・臨時臺灣舊慣調查會，臺灣省文獻委員會編，陳金田譯：《臨時臺灣舊慣調查會第一部調查第三回報告書：臺灣私法第一卷》，（臺中：臺灣省文獻委員會，1990 年 6 月），頁 557。

〔註28〕臺灣總督府・臨時臺灣舊慣調查會，臺灣省文獻委員會編，陳金田譯：《臨時臺灣舊慣調查會第一部調查第三回報告書：臺灣私法第一卷》，（臺中：臺灣省文獻委員會，1990 年 6 月），頁 556。

活費用）視為平常之事，官府似亦不追究。若貧窮是造成賣妻的主要原因，那麼對於拆嫁逃生、兩圖活命的夫妻雙方，看起來官方立場是給予同情理解的。

第三節　臺灣總督府覆審高等法院判例

　　1895 年大清與日本簽訂《馬關條約》，甲午戰爭結束。爾後日本佔領台灣，以「臺灣總督府」為最高統治機關，其中以「臺灣總督府法院」（今「司法院之高等法院」）為最高的司法機關，並於台灣各地置 11 個支部。臺灣總督府高等法院於 1905 年，開始出版《臺法月報》〔註29〕，為當時旨在介紹臺灣法令及判決為主。此外，1995 年日本文生書院出版一套《台灣總督府覆審高等法院判例》〔註30〕，是台灣總督府法院之裁判書，記載詳實，兩者皆可作為引用、考據與研究之用。

　　王泰升〈日治時期臺灣特別法域之形成與內涵——臺、日的「一國兩制」〉〔註31〕中，進一步將臺灣日據時期的法律本身之特殊性與「舊慣」帶來的影響，作了詳盡的梳理。舊慣上，臺灣下層百姓有典、賣妻的風俗。同時間「成文法」與「舊慣」皆在台灣施行，法官在審理臺灣親屬法案件時通常參考臺灣「舊慣」〔註32〕，造成法院判案結果會有矛盾之處。

〔註29〕《臺法月報》創刊於 1905 年，為當時台灣總督府高等法院所出版之官方刊物，旨在介紹台灣法令及判決為主，並提供日治時期法曹（判官、檢察官、辯護士）共同研究交流之機會。參見《發行ノ趣旨》，《臺法月報》第 1 卷（1905年 6 月），頁 1～2。

〔註30〕臺灣總督府覆審法院編：《覆審法院判例全集》（臺北：盛文社，1920 年），自明治二十九年至大正八年重要判決例要旨；判例研究會編，《高等法院判例集》，包含大正九年度至昭和十五年度（臺北：判例研究會，1921～1941）；自大正九年度至十三年度未載明編者與出版者，自昭和七年度至昭和十五年度則係由萬年宜重編，臺法月報發行所出版），書名有時稱為《高等法院判例全集》或《臺灣總督府高等法院上告部判例集》）。於戰後，日本的文生書院曾複製上述判例集，加上原登載於《臺灣慣習記事》和《臺法月報》的判決，一併在 1995 年出版為《覆審・高等法院判例》，共 12 冊。臺灣總督府覆審・高等法院編纂，再編集構成小森惠編《覆審・高等法院判例》〔自明治二九年至昭和一八年〕（全十二卷），復刻發行所文生書院，平成七年三月二八日發行。

〔註31〕王泰升：〈日治時期臺灣特別法域之形成與內涵——臺、日的「一國兩制」〉，收錄《臺灣法律史的建立》（臺北：三民總經銷，1997 年），頁 101～158。

〔註32〕王泰升：〈民事法的西方化〉，《臺灣法律史的建立》，（臺北：三民總經銷，1997年），頁 367。

所謂的習慣，乃是指稱從日本領臺以前即實行的習慣〔註33〕。民事法律的適用，對於本島人應適用舊有地方的慣例，在無習慣或者不能依習慣時，才依照法理。〔註34〕以下針對法院判例中，與典、賣妻風俗相關的訴訟，分成「聘金訴訟」與「離婚訴訟」進行說明。

一、聘金訴訟

夫妻雙方離異，如同第三章的契書所載，聘金的歸還與否？聘金的費用高低？皆是協商的重點。若商討未果，便會對簿公堂。

根據明治四十一年（西元 1908 年）控民第五四二號，明治四十二年二月八日判決（覆審法院民事第一部）[3-4-5]〔註35〕聘金取戾請求事件，內容概述如下：原告沈石進娶了被告本夫邱阿石的妻子央氏四妹，雙方約定好支付一百圓的金額。起初，後夫先付了五十圓的訂金，本夫便將妻子先轉嫁予他。爾後，後夫以「不履行結婚契約」為由，強調本夫未將婦女引渡〔註36〕予他，要求本夫償還原先付的五十圓聘金，雙方意見不合，因此告上法院。

此次，後夫控告本夫歸還財禮事件中，文中的判決要旨：不履行婚姻契約，原告要求歸還之前付的聘金，此舉並不恰當。法官認為：原告付了聘金娶了央氏，證人小島弟助證實了婦女與後夫已然同居，因此婚姻約定已然完成，此說法不足以成為控訴的理由。因此原告敗訴，訴訟費用由後夫全部負擔。

按台灣私法所載〈刑律・犯姦・縱容妻妾犯姦律〉的規定：若用財賣休，買休（因而）和（同）娶人妻者，本夫、本婦及買休人各杖一百，婦人離異歸

〔註33〕姊齒松平：《本島人ノミに関スル親族法並相續法大要》，（臺北：臺法月報，1928 年），頁 2。

〔註34〕黃靜嘉：《日據時期之臺灣殖民地法治與殖民統治》，（臺北：作者自刊，1960 年），頁 70～71。

〔註35〕臺灣總督府覆審，高等法院編纂，小森惠編：《覆審・高等法院判例》〈8，自明治四〇年至明治四五年〉，（東京都：文生書院，1995 年），頁 251。婚姻契約不履行ノ結果先ニ內拂ノ聘金返還ヲ請求シタル原告力訴訟繋屬中契約ノ履行ヲ受ケタルトキハ結局當初ノ訴ハ不當ニ歸著ス（明治四一控五四二號明治四二、二、八日）。

〔註36〕「引渡」是一個漢語向日語借來的外來詞日語。在法律用語上指移轉動產的佔有；或指將已拘束的人或物移轉為他人的拘束或佔有（《廣辭苑六版》）日語則從這個意義引伸指從一方移送到他方；把東西從一個人的手上轉移到另一個人的手上；交給；交付等意義。

宗，財禮入官。〈刑律・賊盜・略人略賣人〉〔註37〕的規定：若和同相誘（取在己）及兩相（情願）賣良人為奴婢者杖一百，徒三年），為妻妾子孫者杖九十、徒二年半。表示只要買賣妻子，最少都會受到杖刑。但在此一判例中，法官只針對原告「歸還聘金」的問題進行說明與判決，並未對於後夫「以金錢聘娶他人妻子」進行懲處。在《台灣總督府覆審高等法院判例》中編者附錄提及：此判決可作為將他人的妻子作為己妻之契約，是否具有效力之重要判決參考。法官未依法判決，此例一出，以聘金和娶人妻的相關人員都沒有受到杖刑，無法遏止此風俗的擴散。如果法官不是依照成文法的規定判決，那麼便是參考臺灣「舊慣」：賣子、典妻妾及發掘墳墓遷葬等，確實違反公共秩序及善良風俗，且為大律例所禁，但已為臺灣的風俗認定，並為一般慣行時不得不認定其效力〔註38〕。

　　日本殖民臺灣不久，依照臺灣舊慣進行判決，是為了避免造成與人民之間的衝突。

　　到了大正五年（西元 1916 年）情況發生了改變：〈大正五控七二○號　大正六、1、二三日〉〔註39〕的案件中，法官裁判，做了更清楚的說明：支付部份聘金而約定成婚後，日後不可因未支付足額聘金而要求離婚。此一行為違反公共秩序與善良風俗，因此訴訟無效。

　　聘金一直是成婚與否的要件之一，依據上訴兩個案例來看，日據時期的法官對於聘金的看法：不可因未完成婚姻契約而要求退還聘金、也不能因為聘金未付足額而要求離婚。聘金在婚姻中所佔的關鍵地位有逐漸降低的傾向。

　　同理可證，在 1917 年〈大正六控九○號同年，四、一四日〉〔註40〕中，

〔註37〕臺灣總督府・臨時臺灣舊慣調查會，臺灣省文獻委員會編，陳金田譯：《臨時臺灣舊慣調查會第一部調查第三回報告書：臺灣私法第三卷》，（南投市：臺灣省文獻委員會民，1993 年），頁 242。

〔註38〕臺灣總督府・臨時臺灣舊慣調查會，臺灣省文獻委員會編，陳金田譯：《臨時臺灣舊慣調查會第一部調查第三回報告書：臺灣私法第一卷》，（臺中：臺灣省文獻委員會，1990 年 6 月），頁 27。

〔註39〕臺灣總督府覆審，高等法院編纂，小森惠編：《覆審・高等法院判例》〈1，自明治二九年至大正九年〉，（東京都：文生書院，1995 年），頁 244。聘金ノ一部支拂ヲ後日二留保シテ婚姻ヲ為シ後日其支拂ナキ二於テハ離婚スヘシトノ特約ヲ為スモ斯カル特約ハ公ノ秩序善良ノ風俗二反スルヲ以テ無效ナリ。

〔註40〕臺灣總督府覆審，高等法院編纂，小森惠編：《覆審・高等法院判例》〈1，自

法官以判決結果來表達官方立場：因為舊慣上的男尊女卑觀念，縱使沒有任何缺點的妻妾，丈夫依舊可以離婚。但在此之前要先和妻子娘家交涉，交還與原本聘金相當的金額，是因為在底層社會普遍有著將聘金視為身價銀的買賣婚觀念。但是基於此習慣，認定離婚之時必須要退還聘金，理由不充分。

　　此次判決代表婦女與聘金之間的絕對關係已然被切斷。再加上 1920 年〈大正九年控民第四百七十三號大正九年十月十四日判決〉〔註41〕在台灣結婚出嫁形同賣斷，妻子和娘家及親族切斷關係，此慣習乃同人身買賣之遺風，違反善良風俗，其效力難以承認。官方再次抨擊將婦女婚姻作為人身買賣之風俗。

　　對比之前契約文書中所載的「身價銀」、「身價聘禮銀」、「贖身金」都是將婦女視為物品、物化女性的字詞。但是，從 1908 年～1920 年的判例可以得知，婦女的離婚已經逐步和聘金脫鉤，婦女的地位在近代社會中匍匐前進。

二、離婚訴訟

　　之前筆者所收集的契書中，大多是丈夫、或是夫家為發言人所寫的內文，而退婚書、改嫁字等賣妻之由亦是男性單方面的講法。到了日據時期的離婚訴訟則是由女方主動提出，其內容說明如下：

　　臺法月報第五卷第一號記載的「離婚請求事件」，明治四十三年（西元1910 年）控民第四一八號，明治四十三年十二月十五日判決（覆審法院第二部）[5-1-36]〔註42〕，主旨說明：夫妻關係受到法律的保護，身為妻子有其

　　　　明治二九年至大正九年〉，（東京都：文生書院，1995 年），頁 249。舊慣上男
　　　　尊女卑ノ觀念著シク夫ハ何等缺點ナキ妻妾タリトモ任意，ニ之ヲ離婚シ得
　　　　ヘク斯ル場合ニハ先ッ妻妾ノ實家ニ交涉シ聘金ヲ標準トスル相當金額ノ
　　　　還付ヲ受クルコトアリシモ之レ婚姻ヲ賣買婚トシ聘金ヲ以テ其身代金ナ
　　　　リトスル下流社會ニ行ハレタル觀念ニ基ク結果ニ過キサルヲ以テ斯ル慣
　　　　習ニ基キ離婚ノ場合ニ聘金ノ返還ヲ認ムヘキ理由トナスニ足ラス。
〔註41〕　出處：中央研究院台灣史研究所臺史所臺灣研究古籍資料庫。臺灣總督官房
　　　　法務課員編纂：《民法對照臺灣人事公業慣習研究（附關係高等法院判例）》
　　　　〈臺灣ニ於ケル親族相續ニ關スル判例要旨——婚姻〉，〔出版地不詳〕〔出版
　　　　者不詳〕，昭和〔6〕年（1931 年），頁 163。本島ニ於テ賣斷出嫁ノ場合ニ實
　　　　家ト親族關係ヲ絕ッ慣習ナキニアラサルモ此ノ慣習ハ人身賣買ノ遺風ニ
　　　　シテ善良ノ風俗ニ反シ其ノ效力ヲ認メ難シ。
〔註42〕　臺灣總督府覆審，高等法院編纂，小森惠編：《覆審·高等法院判例》〈8，自

伴隨的權利與義務。丈夫卻將妻子轉賣，此一行為，在現今本島的社會風俗習慣來說，對妻子造成重大侮辱，足以認定為離婚原因。

其訴訟內容為：原告王氏逃控告本夫吳近，婦女說自己被轉賣給姚條，此舉對自己形成重大侮辱。原告及被告兩人都承認彼此是夫妻的事實，然而被告本夫一概否認將原告妻子轉賣給姚條的事情，直到證人謝氏出面證實此事。謝氏表示自己就是其中的介紹人，再加上物證「賣身嫁字」的相互參照下，認定此一轉賣事實。此行為認定為被告本夫不願意與妻子持續夫妻關係，及共同生活。原本在本島的下層社會中有此陋俗，在法律上為了貫徹對於夫婦身份關係保護的精神，因此判定將妻子轉賣的本夫敗訴，與妻子王氏離婚，第一、二審的所有訴訟費用由被告本夫負擔。

此案例由女子主動提出告訴，打破以往婦女默不作聲，單方面順從父權、夫權的安排。而此次判決結果本夫人財兩失，除了失去了妻子、無法以贖身的方式跟外家領回聘金之外，同時還必須負擔訴訟的費用。

這次的判決對於婦女的保護有正面積極的效果，婦女有機會可以在法庭上表述自己的境遇，為自己爭取權益。若有足夠的人證、物證，打贏訴訟的機率更高。一旦勝訴自己也無需負擔任何費用，同時獲得自由之身。與之前的契約文書——嫁賣字、賣妻字、贖身字相比，這次的判決具有指標性意義。

但是對比法條上的規定，本夫轉賣妻子並沒有杖刑，只是因為訴訟結果，被動地負擔了訴訟費用。此外，擔任仲介的謝氏還可以出面證明賣妻乙事，文中也沒有記載關於謝氏的處分。顯示出日據時期法庭，對於律令規定與實際審查結果有著明顯的差距。

從其他的判例中，也能看出官方的保護婦女的立場，例如：1918年〈大正七年控二三七號，同年、七、八日〉〔註43〕當中，提到丈夫惡意遺棄妻子，足以成為離婚條件。將妻子轉嫁就是一種惡意的遺棄，對於風俗的惡化有禁

明治四〇年至明治四五年〉，（東京都：文生書院，1995年），頁434。夫婦關係力法律上保護セラレ妻タルモノカ其身份ニ伴フ權義ノ主體タル以上ハ夫カ妻ヲ他ニ賣卻スルカ如キ行為ハ現今本島ノ社會狀態ニ於テモ妻ニ對スル重大ナル侮辱トシテ離婚ノ原因ト認ムヘキモノトス（明治四三控四一八號同年、一二、一五日）

〔註43〕臺灣總督府覆審，高等法院編纂，小森惠編：《覆審‧高等法院判例》〈1，自明治二九年至大正九年〉，（東京都：文生書院，1995年），頁250。夫カ惡意を以て妻を遺棄したるときは妻は離婚の請求を為すことを得す。

止的效果。

　　而 1910 年的兩個判例，能更有力的說明官方想壓制典、賣妻的風俗：
〈明治四三控二三〇號同年、五、二六日〉〔註44〕的判例提到——解除現存
的夫妻關係，將其他婦人當作自己妻子的契約，如同違反公共秩序和擾亂善
良風俗；〈明治四三控一六八號同年、六、二五日〉〔註45〕夫妻間，丈夫有
撫養妻子的義務。《臺灣私法》中也詳載「夫妻間的權利義務」：

　　　　夫對妻有夫權，同時有義務扶養妻並負擔婚姻中的費用，所以夫出
　　　　外而妻在家時，夫要供給妻的生活費用，否則妻得以訴於官府，令
　　　　夫盡此義務。〔註46〕

　　由此來看，歷代以來一直無法完全消失的典、賣妻事件，已經準備全面
退出歷史舞台了。但，日本官方的立場卻搖擺不定，同 1910 年〈明治四三控
五〇號，同年、五、11 日〉〔註47〕的判例卻是相反的結果——將女子典賣雖
然違反善良風俗，卻被舊慣所承認；1909 年〈明治四二控五六七號間年、一
二、一〇日〉〔註48〕如有贈妻或買賣妻子之事，違反公共秩序，但其效力卻
不得不承認。如同《臺灣私法》所言：典、賣妻確實違反公共秩序及善良風
俗，且為大律例所禁，但已為臺灣的風俗所認定，並為一般慣行時不得不認
定其效力〔註49〕。

〔註44〕臺灣總督府覆審，高等法院編纂，小森惠編：《覆審‧高等法院判例》〈1，自
　　　　明治二九年至大正九年〉，（東京都：文生書院，1995 年），頁 243。現存ノ夫
　　　　婦關係ヲ解消セシメタル上直チニ其婦女ヲ自己ノ妻ト為ス契約ノ如キハ
　　　　公ノ秩序ヲ亂シ善良ノ風俗ニ反スル事項ナリトス。

〔註45〕臺灣總督府覆審，高等法院編纂，小森惠編：《覆審‧高等法院判例》〈1，自
　　　　明治二九年至大正九年〉，（東京都：文生書院，1995 年），頁 243。夫婦間ニ
　　　　於テハ夫ハ其婦ヲ扶養スヘキ義務アリ。

〔註46〕臺灣總督府‧臨時臺灣舊慣調查會，臺灣省文獻委員會編，陳金田譯：《臨時
　　　　臺灣舊慣調查會第一部調查第三回報告書：臺灣私法第二卷》，（南投市：臺
　　　　灣省文獻委員會，1993 年），頁 554～555。

〔註47〕臺灣總督府覆審，高等法院編纂，小森惠編：《覆審‧高等法院判例》〈1，自
　　　　明治二九年至大正九年〉，（東京都：文生書院，1995 年），頁 233。女子の典
　　　　胎は善良の風俗に反する事項を目的とするものなるか故に舊慣として認
　　　　容するを得す。

〔註48〕臺灣總督府覆審，高等法院編纂，小森惠編：《覆審‧高等法院判例》〈1，自
　　　　明治二九年至大正九年〉，（東京都：文生書院，1995 年），頁 243。妻ノ贈與
　　　　又ハ賣賣ノ如キ公ノ秩序ニ反スル行為ハ其效力ヲ認ムルヲ得ス。

〔註49〕臺灣總督府‧臨時臺灣舊慣調查會，臺灣省文獻委員會編，陳金田譯：《臨時
　　　　臺灣舊慣調查會第一部調查第三回報告書：臺灣私法第一卷》，（台中市：臺

　　從對家庭結構影響最深的民法而言，雖然日本國內在明治維新後已經改用較為進步平等的近代法，但在殖民地臺灣面對相同問題時，總督府卻仍然以「台地舊慣」、「現行之例」來做為民事事項的判決依據。〔註50〕導致官方立場搖擺不定，判決結果大不相同。

　　對於總督府而言，統治上的便利，遠比平等自由的新精神來得重要，延續傳統之舊慣除了為避免激起民族對立，另一方面也是為了討好在傳統社會中既得利益的仕紳階級，傳統舊習之聘金、納妾、養媳制度在日治時期皆未受到積極的革新；只要不影響經濟效益或引發管理上的危機，日本政府不願輕易撼動維持社會安定的家庭結構，因此父系宗嗣原則與男尊女卑的觀念依然束縛著傳統下的女性。〔註51〕

第四節　日據時代法院判例

　　蘇成捷〈清代縣衙的賣妻案件審判〉：幾乎有一半左右的裁斷違背了該律，特別令人驚訝的是有三分之一的裁斷准許第二段婚姻存續，實際上等於是追認合法化了非法的賣妻交易。〔註52〕從正統的法律觀點來說，貧窮並不是一個丈夫得以賣妻的理由。即使這些賣妻交易裡超過百分之八十是由貧窮所引發的〔註53〕。

灣省文獻委員，1990 年），頁 27。

〔註50〕臺灣日治時期民法與舊慣間的實際問題可參見，陳昭如：〈日本時代臺灣女性離婚權的形成——權力、性別與殖民主義〉，若林正丈、吳密察主編：《台灣重層近代化論文集》，（臺北：播種者文化有限公司，2000 年），頁 210～253。

〔註51〕高幸佑：《日治時期臺灣小說中的女性形象》，國立中山大學中國文學系碩士論文，2015 年，頁 17。

〔註52〕〔美〕Matthew H．Sommer, The Adjudication of Wife-Selling in Qing County Courts: 220 Cases from Ba, Nanbu, and Baodi Counties（由巴縣、南部縣與寶坻縣 220 件案例檢視清代法庭對嫁賣妻子罪刑的審理），宣讀於 2005 年 10 月 13 日至 15 日「明清司法運作中的權力與文化」學術研討會，後翻譯為〔美〕蘇成捷（Matthew H．Sommer）著，林文凱譯：〈清代縣衙的賣妻案件審判：以 272 件巴縣、南部與寶坻縣案子為例證〉，收於邱澎生，陳熙遠編：《明清法律運作中的權力與文化》，（臺北：中央研究院、聯經出版，2009 年），頁 362。

〔註53〕〔美〕Matthew H．Sommer, The Adjudication of Wife-Selling in Qing County Courts: 220 Cases from Ba, Nanbu, and Baodi Counties（由巴縣、南部縣與寶坻縣 220 件案例檢視清代法庭對嫁賣妻子罪刑的審理），宣讀於 2005 年 10 月 13 日至 15 日「明清司法運作中的權力與文化」學術研討會，後翻譯為〔美〕蘇成捷（Matthew H．Sommer）著，林文凱譯：〈清代縣衙的賣妻案件審判：

　　在日據初期，殖民政府對臺灣民事爭紛是採取不告不理原則〔註54〕，除非是臺灣人主動向法院提出訴訟申請時，法院才會根據與其案件相關的「舊慣」與理法作判決。

　　日據時期開始出現臺灣人利用法院、法律途徑來解決爭端，女性也開始利用法院管道申請離婚請求，雖然數量相對不多，但可以證明離婚選擇的權利不再只限於男性，女性也有向法院提出離婚請求的權利。

　　以下從「日治法院檔案資料庫」之判例中，將買賣妻子的爭執案件，分成將妻子轉賣給他人以及將妻子轉賣入娼家的糾紛。

一、將妻子轉賣他人之糾紛

　　西元 1941 年的〈昭和 15 年合民第 168 號〉〔註55〕案件，臺南地方法院嘉義支部合議民事部審理的一個案件：原告吳李氏在昭和十二年七月四日和被告本夫結婚，此後常常受到暴力對待，更於同年（西元 1940 年）七月中旬左右，被告將原告妻子吳李氏以代金三百圓賣給了關係人吳三寶，同月的十五日晚上，以暴力的方式將原告吳李氏押上牛車，搬入吳三寶家。此一行為對原告造成重大侮辱。同時，法院也綜合證人李媽榮、林氏赤的證詞，確認原告吳李氏所言屬實，基於上述事實，因此本案請求離婚獲准。訴訟費用由被告負擔。

　　婦女主動要求訴訟並贏得離婚請求，代表婦女可以脫離本夫、重獲新生。縱使回歸生家，也可以再次自由婚嫁，不必再默默忍受。

　　與西元 1910 年〈明治四三控一六八號同年、六、二五日〉〔註56〕的判決相同，夫妻間，丈夫有撫養妻子的義務。丈夫不但對妻子暴力相向，更將她轉賣給他人，無疑就是沒有盡到撫養妻子的義務。對比之前的契約文書，此一判例顯示出被賣的婦女，已經不同於契約文書中的女性一般，隱藏在文字

　　　　以 272 件巴縣、南部與寶坻縣案子為例證〉，收於邱澎生，陳熙遠編：《明清法律運作中的權力與文化》，（臺北：中央研究院、聯經出版，2009 年），頁390。

〔註54〕曾文亮：〈全新的「舊慣」：總督府法院對臺灣人家族習慣的改造（1898～1943）〉，《臺灣史研究》（中央研究院臺灣史研究所，2010 年 3 月），頁 130。

〔註55〕〈昭和 15 年合民第 168 號〉，判決日期：1941 年 05 月 31 日。

〔註56〕臺灣總督府覆審，高等法院編纂，小森惠編：《覆審・高等法院判例》〈1，自明治二九年至大正九年〉，（東京都：文生書院，1995 年），頁 243。夫婦間ニ於テハ夫ハ其婦ヲ扶養スヘキ義務アリ。

背後，而是提身於法庭之前，為自己爭取改變命運的機會。

〈大正 12 年合民第 46 號〉〔註57〕臺南地方法院嘉義支部所審理的離婚請求事件，原告陳氏於明治三十七年（西元 1904 年）一月九日和被告本夫結婚後生育了四位女兒，被告時常對原告陳氏暴力相向。於大正十二年（西元 1923 年）三月中，不法地將原告陳氏轉嫁給關係人李勇，收取了聘金百圓。此一事實已獲得證實，被告將其惡意遺棄。根據關係人李勇及媒人余氏雞的證詞，案情已十分清晰，法院認同原告陳氏的請求之正當性，依照民事訴訟法第七十二條，判決被告本夫和原告陳氏離婚，訴訟費用由被告本夫負擔。

婦女在離婚訴訟主張的內容提到「不法行為」、「物品化」等詞彙，對典妻行為提出自我的看法與評斷、對於自我價值有所意識，其背後的社會涵義表示當時的臺灣女性已經站到第一線，願意主動切斷自己被物化而進行買賣的婚姻關係。

〈大正 13 年合民第 333 號〉〔註58〕案子裡，原告許劉氏明治四十五年（西元 1912 年）五月二十五日與被告本夫結婚，大正七年（西元 1918 年）一月三日本夫及其母許徐氏，將原告許劉氏以聘金三百六十圓改嫁給關係人邱茂丁，並已收取了訂金六十圓，將原告許劉氏轉讓給邱茂丁。逆來順受的原告許劉氏不得不服從，而與邱茂丁共同生活。沒料到，被告本夫於大正十三年（西元 1924 年）六月二十日，片面對邱茂丁解除改嫁契約，同時要求歸還原告許劉氏，被告本夫及其母許徐氏梅的種種行為，將原告許劉氏視為物品，形成重大侮辱。

同時，被告本夫也提出申辯：雖然與原告許劉氏為夫妻屬實，但其餘原告許劉氏所言並非屬實。同時法院也傳喚被告母親許徐氏，亦否認有將原告嫁賣之實。爾後，根據臺北地方法院民事部的調查，參考證物——收據以及契約解除通知書，確認被告及其母信口雌黃，許徐氏身為被告本夫之母，又協助被告改嫁以及解除改嫁婚約，將原告許劉氏視為物品，原告許劉氏請求離婚實屬正當，臺北地方法院民事部的離婚請求事件，依據民事訴訟法第七十二條第一項，訴訟費用由被告負擔。情節過程雖然曲折坎坷，但婦女憑藉自身的力量、獲得改變命運的機會，實屬難得。

〔註57〕〈大正 12 年合民第 46 號〉，判決日期：1924 年 03 月 20 日。
〔註58〕〈大正 13 年合民第 333 號〉，判決日期：1925 年 03 月 06 日。

而臺北地方法院新竹支部民事合議部的〈昭和9年合民第89號〉〔註59〕，在昭和9年（西元1934年）原告彭古氏的案件中，被告本夫主張「將妻子轉賣給他人，收取聘金為本島舊慣。」如同俗諺「賣某做大舅」，「典、賣妻」在當時的臺灣社會裡不算少見，大部份的臺灣男性認為此行為乃男性所擁有的權利，故不算不妥當之行為。可見典、賣妻的風俗真切的存在於臺灣社會，若想移風易俗，官方的態度必須更加明確。

二、將妻子賣入娼家之糾紛

雖然婦女出嫁之後，主導權從父權轉移到夫權，但是將妻子賣入娼家，從法律的角度來看，明顯的觸犯〈刑律・犯姦・縱容妻妾犯姦律〉〔註60〕的規定；從情理上來看，一夜夫妻百日恩，此舉著實令人詬病。

於西元1940年〈昭和14年合民第107號〉〔註61〕的案例中，原告陳氏控訴丈夫惡意遺棄，對其造成重大的侮辱，妻子要求離婚。起因是陳氏被她的公公同關係人楊氏密謀，將其賣給了林氏秀蠻之子為妻，得錢七百二十圓，而當時原告陳氏僅只是懵懂無知的十七歲少女。被轉賣之後，林氏秀蠻不斷的相勸，將原告陳氏帶回住所滯留了十四天，原告陳氏屢次脫逃未果，爾後隨即被帶到高雄州潮州郡萬丹之地，強迫她賣淫。本「離婚訴訟事件」由新竹地方法院民事合議部決議被告敗訴，原告陳氏和被告本夫離異，訴訟費用由被告負擔，丈夫人財兩失。

如同西元1918年〈大正七年控二三七號，同年、七、八日〉〔註62〕的判例：丈夫惡意遺棄妻子，足以成為離婚條件。日據時期從1895年到1945年第二次大戰結束，以上兩個判例時間點皆為西元1918年與1939年，當

〔註59〕〈昭和9年合民第89號〉，判決日期：1935年04月24日。

〔註60〕臺灣總督府・臨時臺灣舊慣調查會，臺灣省文獻委員會編，陳金田譯：《臨時臺灣舊慣調查會第一部調查第三回報告書：臺灣私法第二卷》，（南投市：臺灣省文獻委員會，1993年），頁556。原文：凡縱容妻妾與人通姦，本夫、姦夫、姦婦各杖九十……若用財賣休，買休（因而）和（同）娶人妻者，本夫、本婦及買休人各杖一百，婦人離異歸宗，財禮入官。若買休人與婦人用計逼勒本夫休棄，其夫別無賣休之情者不坐，買休人及本婦各杖六十、徒一年。婦人餘罪取贖給付本夫。

〔註61〕〈昭和14年合民第107號〉，判決日期：1940年04月19日。

〔註62〕臺灣總督府覆審，高等法院編纂，小森惠編：《覆審・高等法院判例》〈1，自明治二九年至大正九年〉，（東京都：文生書院，1995年），頁250。夫ヵ惡意を以て妻を遺棄したるときは妻は離婚の請求を為すことを得す。

時已接近殖民尾聲，相較於日據初期官方對於典、賣妻態度的搖擺不定，這裡明確可以看出對於官方對於夫權的抑制與對女性的關注，隨著社會進步而改變。

〈昭和 14 年合民第 148 號〉〔註63〕的離婚請求事件中，原告孫氏是關係人陳登元的養女，於昭和十四年（西元 1939 年）一月五日和被告丈夫結婚。之後被賣到屏東市的料亭日春樓，爾後更聽聞已經著手準備要將原告孫氏賣到高雄的料亭。被告本夫對於妻子孫氏的種種行為，對其造成了重大侮辱，可以認為是正當的離婚原因。法院判決：原告孫氏和被告本夫離婚，訴訟費用由被告本夫負擔。

從文學家的角度，描繪「典妻賣淫」的角度更貼近人性。以沈從文〈丈夫〉（1930 年）和呂赫若〈牛車〉（1935 年）兩則短篇小說為例，雖然發生在不同地點、卻是相同的社會底層。陳惠齡指出：顯見「典妻賣淫」反常現象，因著某種迫不得已的生存因素，一變而為常態時，已然成為浮出歷史地表的社會文化奇觀，從中可以看「女體」商品化之下性別結構的隱喻和社會實踐，而當將女性的生殖行為轉換為經濟交易時，更燭照出性別／階級／殖民等多重壓迫的陰暗面。〔註64〕因此變例婚姻、買賣婚姻都可以視為社會文化的一面鏡子，反照出當時社會的樣貌。

而明知賣妻違法，但是縱使到了日據後期，法院依舊沒有對於賣妻的丈夫有何積極性的處罰。若是婦女主動提出訴訟，在證據充分之下，法院也願意公正判案，長期以來身處黑夜的婦女權益，逐步迎來曙光。

三、聘金歸還之糾紛

在台灣結婚出嫁時的聘金，形同賣斷，妻子和娘家及親族切斷關係，此慣習乃同人身買賣之遺風，違反善良風俗，一直都是典、賣妻最大的爭執點。

臺北地方法院新竹支部，〈大正 10 年單民第 1131 號〉〔註65〕的「聘金殘額請求事件」中，原告本夫藍某於大正九年（西元 1920 年）六月二十一日，

〔註63〕〈昭和 14 年合民第 148 號〉，判決日期：1940 年 05 月 31 日。

〔註64〕陳惠齡：〈女人的船屋與男人的牛車－探析沈從文（丈夫）和呂赫若（牛車）二文中「典妻賣淫」訊息及訊息言說的方式〉，（臺灣文學學報，20 期，2012 年 06 月），頁 68。

〔註65〕〈大正 10 年單民第 1131 號〉，判決日期：1921 年 11 月 15 日。

以三百二十兩將其妻子楊氏賣給被告買夫曾某，本夫藍某先收取了二百兩，剩餘金額百二十兩。故本夫藍某先行與妻子離異，將之嫁入被告曾某家中。但之後超過了還款期限，被告曾某依舊遲遲無法履行約定，因此原告本夫，訴請法院判決，請求法院判決被告曾某支付殘餘聘金。

被告曾某亦承認原告藍某所言——以將楊氏帶回做為條件要求支付金錢。但原告藍某將妻子進行買賣的行為，如同買賣契約一般，違反公共秩序與善良風俗，此契約理當無效。故原告藍某的請求失當，適用於訴訟法第七十二條第一項，原告本夫敗訴，訴訟費用由原告負擔。

法院針對「支付殘額聘金事件」，判決本夫敗訴，意味著已收部分聘金而將妻子改嫁後，不得再言聘金問題。法院並未針對本夫買妻進行懲罰，而是令本夫敗訴作為懲戒，代表實際法院判案並未遵照法規進行。

如同西元 1916 年〈大正五控七二〇號　大正六、1、二三日〉〔註66〕的案件中，法官裁判——支付部份之聘金而約定成婚後，日後不可因未支付足額聘金而要求離婚。此一行為違反公共秩序與善良風俗，因此訴訟無效。

〈大正 02 年第 804 號〉〔註67〕「聘金返還」事件，原告本夫張某支付了一百貳拾元娶了被告妻子劉氏，但法院於大正二年（1913 年）三四二號事件的第一次離婚訴訟中，原告已本夫敗訴，法院判決兩人離婚。因此本夫第二次提起訴訟——因離婚，要求被告（妻子）須歸還聘金。

第一次訴訟起因：本夫要「招夫」入家中，妻子劉氏不從，憤而提起告訴，因此在第一次的離婚案件中，被告劉氏等人勝訴，法院判決離婚。第二次爭取歸還聘金的訴訟：丈夫主張娶親支付的一百元聘金以及二十元餅錢須歸還，法院判定依據本島（台灣）的習慣，娶妻時此聘金充當妻子的衣服及其他所開支，總金額大約是如上所述的 100 圓，而今法院判決「強制離婚」，故妻子沒有義務歸還聘金，本夫再次敗訴。

本案中，本島娶妻如同人事買賣，將聘金作為代金，因此在離婚之際，雖然有將聘金歸還給本夫的習慣，但此舉違反公共秩序與善良風俗不宜。聘

〔註66〕臺灣總督府覆審，高等法院編纂，小森惠編：《覆審・高等法院判例》〈1，自明治二九年至大正九年〉，（東京都：文生書院，1995 年），頁 244。聘金ノ一部支拂ヲ後日ニ留保シテ婚姻ヲ為シ後日其支拂ナキニ於テハ離婚スヘシトノ特約ヲ為スモ斯カル特約ハ公ノ秩序善良ノ風俗ニ反スルヲ以テ無效ナリ。

〔註67〕〈大正 02 年第 804 號〉，判決日期：1913 年 12 月 27 日。

金是新婚夫婦結婚前雙方同意約定好的,再加上此案中因為原告本夫的過失,故法院判決離婚之情況下,原告本夫請求歸還聘金之行為並不恰當,判決敗訴,訴訟費用依據民事訴訟法第七拾二條第一項辦理,原告本夫張某敗訴,訴訟費用由原告負擔。

在典、賣妻的法律爭議中,「妻子的歸屬權利」以及「聘金的處理方式」最常引起糾紛。但隨著時代的進步,女性已能成為訴訟中的當事人,其法律上、社會中都有其正面、積極的意義。

第五章　典、賣妻身價銀問題探究

　　清代的台灣，初期因為政策規定，導致移居來台的以「羅漢腳」居多，男多女少，因此造成結婚困難。再加上，「貧窮」一直是歷代以來典、賣妻風俗無法斬草除根的根本原因，再加上時代動盪，民眾流離失所、食不果腹，依附在家庭之中，沒有經濟能力的女子，最容易成為一個值錢的物品典賣，這便是此風俗一直在歷史中春風吹又生的根本原因。窘迫的生活衍生出了變例婚姻，以下針對可能造成的原因進行分析：

第一節　聘金問題

　　正式婚姻為嫁娶婚（聘娶婚），男子依照六禮下聘的程序而娶，女子亦依六禮之方式而嫁，經過「父母之命」、「媒妁之言」後，尚需交換「婚書」及「收受聘財」。故又稱「聘娶婚」，而聘財的意義《禮記・曲禮》載之甚詳：

> 男女非有行媒，不相知名；非受幣不交不親，故日月以告君，齋戒已告鬼神，為酒食以召鄉黨僚友，以厚其別。〔註1〕

　　憑媒妁傳遞婚姻意願，經納采至納幣而形成婚約，祭告祖先顯示婚姻為兩姓大事，而備筵席宴請賓友，則為禮尚往來。有學者認為聘娶婚「重財」的性質與買賣婚相近，但是亦有學者持相反意見，認為「聘」與「買」之意不同，且聘娶需依禮而成。陶希聖認為：

> 此係宗法制度下之兩族或兩家的契約，……，契約不限於買賣，婚

〔註1〕　〔漢〕鄭玄注、〔唐〕孔穎達疏：《禮記注疏》，（臺北：藝文印書館），頁37。

約亦不得認為買賣，納徵所以証婚約之成立而已，玄纁束帛非身價也。〔註2〕

所以雖然納幣有買賣婚之遺意，在後世禮法上始終有學者否認所納之「幣」為身價的解釋。雖然雙方各有論述，一般民眾娶妻成家時，皆須準備聘禮。而臺俗的聘金相當於律例所稱的聘財，其性質卻未必相同。通常以金錢為聘財，並由男女兩家協定金額，但不能直接視為女子的身價。〔註3〕以下針對正式婚姻的聘金與變例婚姻的身價銀進行說明。

一、正式嫁娶中的聘金

有些學者將嫁娶婚視為以六禮為包裝，但實為「買賣婚」的本質。〔註4〕進一步而言，郭松義研究指出，清代當時一次婚嫁所需的費用，少則數十兩多則百餘兩、數百兩到千餘兩〔註5〕，這非但是一般的百姓難以承擔，而且對於中上之家有著十分沉重的負擔。雖然清律對於嫁娶過程所需花費的項目均有明文規定，然財婚的現象早已僭越了國家的定制，形成一種難以抑制的風氣，自上層達官貴人下至貧民百姓皆然。學者毛利平在〈清代的嫁妝〉指出：

> 清代中等規模的嫁妝的標準在 100 至 200 兩白銀之間。……根據學者研究，較為富庶的江南地區農戶的農田年收入物約 20 兩白銀。〔註6〕

中等嫁妝的規模，是寬裕農民年收入的 5 倍～10 倍，嫁妝所需的花費已遠遠超越一般百姓的收入。從聘禮的多寡與聘金的高低，到女家回禮陪嫁之資，雙方以「利」論婚，使聘娶婚籠罩於買賣婚之中。而《臺灣縣志》也具體提及高額聘金的情形：

〔註2〕陶希聖：《婚姻與家族》，（台灣：臺灣商務印書館，1980 年），頁 39

〔註3〕臺灣總督府‧臨時臺灣舊慣調查會，臺灣省文獻委員會編，陳金田譯：《臨時臺灣舊慣調查會第一部調查第三回報告書：臺灣私法第二卷》，（南投市：臺灣省文獻委員會，1993 年），頁 527。

〔註4〕蘇冰、魏林《中國婚姻史》：「聘娶婚即係由其演變而來者，故後世之聘娶婚往往易趨於論財之道，稱曰『財婚』或『賣婚』，在實質又不啻一聘娶化之買賣婚耳。」，（臺北：文津出版社，1994 年），頁 232。

〔註5〕郭松義：《倫理與生活——清代的婚姻關係》，（北京：商務印書館，2000 年），頁 105。

〔註6〕毛利平：〈清代的嫁妝〉，（《清史研究》第 1 期 2006 年 2 月），頁 93。

婚姻之禮，重門戶、不重財帛，古也。臺之婚姻，先議聘儀，大率
以上、中、下禮為準：其上者無論；即下者，亦至三十餘金、綢綾
疋數不等，少者亦以六疋為差·送日之儀（送親迎之吉期也，俗云
乞日）·非十四、五金不可·在富豪之家，從俗無難；貧窮之子，其
何以堪？故有年四旬餘而未授室者，大抵皆由於此也·若夫女家既
受人厚聘，納幣之日，答禮必極其豐；遣嫁之時，粧奩必極其整·
華奢相尚，每以居人後為恥。〔註7〕

對上層社會民眾而言，高聘儀是為了門面，對中下階層百姓娶妻不易的
情形，更是雪上加霜。「富豪之家，從俗無難；貧窮之子，其何以堪」，財婚、
高額聘儀的風俗，讓貧窮之子只能在變例婚姻中惡性循環。胡健偉擔任澎湖
通判時，曾嘗試透過政令來移風易俗：

澎俗婚娶唯利是尚，惟在官斯土者勸諭化導，自能變易也。嗣後結
婚，隨人所便，聘禮多寡，量力而行，不得額定取盈三十三圓之數；
既已聘定者，男女二十歲以上，限半年內進行迎娶畢婚，不得藉勒
留難。〔註8〕

官方盼望用律令的力量來遏止高價的聘儀，已約定成婚者，催促雙方儘
速結成秦晉之好。據資料指出，台灣禮制男子十六歲，女士十四歲以上達到
者得以婚姻。〔註9〕而上文所言到了二十歲已約定成婚卻無法婚娶，聘金的重
擔壓在年輕人的肩上，難以喘息。但，實際上聘金要求到何種程度？以一般
情形而言，三十三圓還不能得到美好姻緣，甚至高出這金額。除此之外還有
其他費用，合併起來「娶婦動費百金」〔註10〕，娶婦費用皆在百圓以上。直
到日據時代仍未稍停，無論從歷史文獻、學者研究資料或是民間習俗等，皆
能看見高聘金的例子，如日人所著《臺風雜記》所載：

臺人娶妻，大抵以數百償之，殆似印度人身賣買。今審其實情，全
異趣。臺島男多而女少，不贈金則不許嫁，是以男子勞身蓄金，以

〔註7〕陳文達編纂：《臺灣縣志》，（臺北：臺灣銀行經濟研究室，1961年），頁54～
　　　55。
〔註8〕胡健偉編：《澎湖志略》，（臺北：臺灣銀行經濟研究室，1961年），頁152。
〔註9〕洪汝茂等編輯：日治時期戶籍登記法律及用語編譯（增修版），（臺中縣政府，
　　　2005年），1340頁。資料摘自昭和七年（1930年）發行「（訂正增補）臺灣戶
　　　口事務提要」一書之第二章第五節參考第三三七頁。
〔註10〕林川夫：《民俗台灣》第二輯，（武林出版社，1990年2月），頁36。

此金娶妻。〔註11〕

　　物以稀為貴，女子人數少，因此聘禮要求更高，中下階層百姓成婚困難。日人山根勇藏對於臺灣民族性的研究相當感興趣，持續進行調查研究，《臺灣民俗風物雜記》為當時代臺灣人留下了忠實的紀錄〔註12〕。文中提及：

　　　　從前台灣青年大多有一個嚴重的煩惱，他們的煩惱並非青年期常見
　　　　的對人生懷疑之苦惱，而是聘金的煩惱。娶妻難。台灣人到了相當
　　　　年齡想要娶妻的話，需要巨額的聘金，而聘金的額數通常受一些因
　　　　素所左右，其中最重要的是女方的教育程度舉例來說，數十年前要
　　　　娶公學校（相當於現在的國民小學）畢業的女孩，至少要送三百圓
　　　　給女方的家長。……幸好，隨著社會風氣的改良。到了八〇年代，
　　　　這種索取巨額聘金的陋習已不復多見了。〔註13〕

　　綜上所述，有幾點值得注意：（一）聘金已經成為青年普遍性的困擾。（二）文中所言聘金三百圓的價值高低為何？（三）社會風氣已逐步改善。而實際上，聘金價格與生活費的對照，筆者於下一節進行說明。文中所言「社會風氣逐步改善」，可搭配本文第四章的法律爭議參照。從判例可知，女性逐步擁有自主權。

　　上述貧苦者成婚不易，在《臺灣縣志》有更進一步的說明：

　　　　鄉間之人，至四、五十歲而未有室者，比比而是．閨女既不可得，
　　　　或買掠販之女以為妻、或購掠販之男以為子．女則自十四、五歲至
　　　　二十歲，男則自五、六歲至十五、六歲，均不為訝〔註14〕

　　此外，《民俗臺灣》〔註15〕是臺灣第一份探討臺灣民俗與臺灣民俗學的

〔註11〕〔日〕佐倉孫三：《臺風雜記》，（臺北：臺灣銀行經濟研究室，1961 年），頁 3。

〔註12〕國史館臺灣文獻館，臺灣民俗文物辭典：http://dict.th.gov.tw/term/view/2736，查詢日期：107 年 11 月 2 日。

〔註13〕山根勇藏：《台灣民俗風物雜記》，（武陵出版社，1989 年 5 月），頁 93～94。

〔註14〕陳文達編纂：《臺灣縣志》，（臺北：臺灣銀行經濟研究室，1961 年），頁 59。

〔註15〕國史館臺灣文獻館，臺灣民俗文物辭典：http://dict.th.gov.tw/term/view/2750?search=%E6%B0%91%E4%BF%97%E8%87%BA%E7%81%A3，查詢日期：107 年 11 月 2 日。民俗臺灣是由池田敏雄、立石鐵臣、松山虔三及金關丈夫等四人負責編輯的刊物，於日據時期昭和十六年（1941 年）七月在臺北創刊，至一九四五年一月二次大戰末期，總計發行時間三年又七個月。這本由一群正視當時臺灣這塊土地及其人民、生活的日本人所編輯的刊物，在不受政府歡迎的情況下，提供園地給予無數的本土撰稿者，使臺灣人得以傾訴心聲，

專門刊物，清朝末年以來，訂婚後付不清聘金（代身價）——糧食或牛羊等，這類男人常在三十歲年齡仍不能履行婚約娶進新娘。逼得到處有取消婚約的悲劇。相反的，女孩子身價日漸高漲，這原因很簡單。由於女孩不足，加以南部地方用來當女婢的婦女，頻頻從廈門來的貿易商人轉運島外。女婢身價看漲，一般婦女更不在話下。同理，初婚者或未婚者身價比再婚者更高。再婚的情形也被逼節節高升，諸羅縣誌中指摘夫婦中再婚女子佔大半，便是有力依據。〔註16〕

　　婚姻論財，以高額聘金迎娶妻子，讓娶妻成家籠罩在「買賣婚」的陰影之下，而無家產、無聘儀的庶民百姓只得另尋出路，衍生出變例婚姻。

二、變例婚姻中的身價銀

　　變例婚姻中，以典、賣妻而言，大部分的買主都是貧窮的單身漢，對他們來說，這種交易提供一個相對便宜的結婚與建立家庭之管道。《清代縣衙的賣妻案件審判》中提到，賣妻儘管有其風險（畢竟是非法的），但買別人的妻子通常比娶一個寡婦花費較低，更不用說比起娶一個未婚的女人更是相對低廉。〔註17〕因此典、賣妻雖然不光明正大，卻是一條成婚的捷徑。

　　儘管非法的典、賣妻交易花費已偏較低，但卻是單身漢們已經儲蓄已久的家財，或是低頭向人的借款。舉例來說：在乾隆中後期，僱工的年工價平均維持在 3～4 千文。娶一個寡婦的平均財禮是 19.80 千文，娶已婚被嫁賣的婦女者，21.58 千文〔註18〕。也就是說：娶一位寡婦、或是已婚婦女，是一位僱工 5～6 年的薪資，不吃不喝 5～6 年才能娶得妻子成得婚。儘管典、賣妻的財禮已經遠低於一般正常大婚所需的花費，但是對於人民來說，成婚依舊背負極大的壓力。

　　清代時期的臺灣，當時娶媳婦所需的聘金大約為九十八元，買養媳過定的聘金金額最高行情可達為四十八元〔註19〕。買養媳的聘金幾乎是娶媳婦

　　　　也整建了臺灣的底層文化。總計發刊四十三期，無論在節俗、民藝、謠諺、傳說、歲時、食俗、語言、古蹟，乃至於舊慣習俗的整理與研究、專題的設計，都十分廣延而深入。

〔註16〕林川夫：《民俗台灣（第二輯）》，（武陵出版社，1980 年 2 月），頁 35。

〔註17〕因此，詐賣妻妾的主要動機，是藉由假稱為寡婦以便獲取較高的價金。

〔註18〕王躍生：《十八世紀中國婚姻家庭——建立在 1781～1791 年個案基礎上的分析》，（法律出版社，2000 年），頁 168～177。

〔註19〕卓意雯著：《清代臺灣婦女的生活》，（臺北：自立晚報社文化出版部，1993 年

聘金的一半。此外，比較筆者收集到的台灣清末時期的契書中身價銀：1887年（光緒 13 年）〈呂謀的贖回改嫁字〉、1889 年（光緒 15 年）〈江知高賣妻字〉、1891 年（光緒 17 年）〈黃狗貳甘願字〉，以上三則典、賣妻契書，時間點都在清末，而身價銀為 20 大元。娶媳婦與典、賣妻的價差，差了大約 5 倍左右。由此可見，清朝時的台灣同時存在的正式與變例婚姻，而其間聘金差距極大，這也是下層民眾成婚時的考量。

　　而一個女性在妻子的典賣市場中，究竟值多少，恐怕難以一概而論。女性的身價隨著地域、階級、年齡、姿色，以及她的貞節而有等差。外在環境是飢荒抑或昇平之世？買賣是在何種交易情況下發生？……諸如此類，都將影響其身價〔註20〕。本論文研究範圍以「丈夫將妻子轉典或轉賣給他人為妻妾」，以下比較筆者收集的契書身價銀。

三、身價銀的比較

　　清朝時期臺灣通行的貨幣種類繁多──有銀兩、外國銀幣、銅錢。銀兩即銀塊，有官府鑄造的元寶和民間的粗銀；外國銀幣則以墨西哥銀幣最多，稱為鷹銀或鳥銀〔註21〕。從清代台灣的貨幣在地方志的記載中發現銀幣與制錢混用的情況十分常見。因此，為了讓身價銀比較有所基準，第一步要先統一貨幣單位。

（一）貨幣單位

　　依翟灝在《臺陽筆記·番錢說》中之敘述，「番錢」在台灣使用非常普遍：番錢者，洋人以市貨也。〔註22〕《臺海使槎錄》中對此情形亦載之甚詳：交易最尚番錢，紅毛所鑄銀幣也。〔註23〕所謂的番錢指的是什麼？

　　根據一八九五年之前的台灣貨幣流通狀況〔註24〕，如下表，可以清楚

---

5 月），頁 43。

〔註20〕 詳見：仁井田陞：《支那近世の戲曲小說に見えたる私法》，收入：福島正夫（等編）：《中國の傳統と革命·仁井田陞集》，（東京：平凡社，1974），頁 94～97。張孟珠，主編劉祥光：《清代底層社會「一妻多夫」現象之研究》，（臺北：國立政治大學歷史學系，2013 年 12 月 31 日初版），頁 370。

〔註21〕 袁穎生：《臺灣光復前貨幣史述》，（南投：臺灣省文獻委員會編印，2001 年），頁 92～99。

〔註22〕 翟灝：《臺陽筆記》，（臺北：臺灣銀行經濟研究室，19581 年），頁 19。

〔註23〕 黃叔璥：《臺海使槎錄》，（臺北：臺灣銀行經濟研究室，19571 年），頁 42。

〔註24〕 李世暉：〈日本政府與殖民統治初期台灣的幣制改革〉，（政治科學論叢第 38

知道「番錢」、「番銀」其實指的是各國的外幣，其中包含俗稱「佛銀」
〔註25〕的西班牙銀、墨西哥銀等。

表 14　1895 年之前的台灣貨幣流通狀況

分　　別		主　要　種　類
銀貨	官鑄銀兩	馬蹄銀（50 兩）、中錠（10 兩）、小錠（5 兩以下）
	小額銀貨（鈑仔銀）	香港、廣州及台灣所鑄造的輔助貨幣（額面有 2 角、1 角、5 點等三種類型）
	銀元	台灣自鑄銀元（壽星銀、劍秤銀、如意銀） 番銀（墨西哥銀、香港圓銀、西班牙銀、安南貿易銀、美國貿易銀、日本圓銀、日本貿易銀）
銅錢	樣錢	由清朝戶部所鑄造的模範錢
	制錢	清朝各地方政府模仿樣錢所鑄造發行的正規青銅錢（含銅成分較樣錢為低）
	私錢	包括私鑄的青銅錢（因含銅成分過低，又被稱之為沙殼、風皮、魚眼、灰板）、紅錢（明朝錢幣、太平天國的太平天寶、日本的寬永通寶）等，共有上百種類

資料來源：台灣總督府（1901：1）。

　　筆者收集到的契書，也有部分是使用「佛銀」。根據陳哲三的研究中指
出，清代臺灣（從乾隆時期開始至日據時期）南投草屯地區的土地，買賣貨
幣也都使用佛銀，可見佛銀在台灣流通之廣。可是佛銀貨幣單位卻有「大
員」、「員」、「大元」、「元」，這些單位是否相通？

　　從下面幾個例子可以略見端倪。例如：乾隆四十一年（西元 1776 年）草
屯區十二宗的買賣中，最大一宗即石頭埔「十三甲水田買賣四千大員，每分

期，2008 年 12 月），頁 86。

〔註25〕國史館臺灣文獻館，臺灣民俗文物辭典，網址：http://dict.th.gov.tw/term/
view/1107?search=%E4%BD%9B%E9%8A%80。查詢日期：107 年 11 月 4
日。人頭的佛銀，又稱佛頭銀。佛銀指清代臺灣通用的西班牙、墨西哥銀
元而言。道光元年（1821）以前西班牙所鑄的佛銀，稱西班牙銀元；道光
四年（1824）墨西哥獨立以後稱為墨銀。西班牙銀元因正面刻畫王像，故
臺灣居民稱其為佛銀、佛頭銀、佛面銀、佛首銀元、清水佛銀、番佛銀、
佛番銀等。清中末葉以後至割臺與日為止，臺澹大多通用佛銀；佛銀與清
代官鑄紋銀的官定折率為一元折六錢九分對紋銀一兩，俗稱六九銀。惟各
地折率並不一致，如光緒年間，彰化地區的佛銀與紋銀之折率為佛銀一元
折七錢對紋銀一兩。

地三十點七七員」〔註26〕。一甲等於十分，因此換算起來每分土地是三十點七七「員」無誤，但是單位卻從「大員」變成「員」，推論當時的人民對於「大員」和「員」的單位之間是能夠直接通用。

此外，從下幾則台灣清末的文獻資料，都可以側面證明錢幣單位的通用情形：

	年份	出處	內容	貨幣	貨幣單位
1	1776年	清代草屯地區的地價及其相關問題	十三甲水田買賣四千大員，每分地三十點七七員	佛銀	大員員
2	1847年	臺灣南部碑文集成。	重修碑記（道光二十七年）張立興捐佛銀十元〔註27〕	佛銀	元
3	1856年	天后宮捐題重修芳名碑記	泉郡生員黃鵬程敬捐佛銀一百大員……合捐佛銀一十二員〔註28〕	佛銀	大員員
4	1850年	咸豐元年賣地基字	歷年應收稅租佛銀一元五角正〔註29〕	佛銀	元角

〔註26〕陳哲三：〈清代草屯地區的地價及其相關問題〉，（逢甲人文社會學報第7期，2003年11月），頁89～116，頁92。從買賣價款看，買賣貨幣都用佛銀，都是若干大員。佛銀就是有人頭像的墨西哥（西班牙）銀幣。在此可見台灣貨幣的世界性，台灣早已納入國際經濟的體系中。台灣的貨幣和中國的貨幣要經過兌換的過程。在十二宗的買賣中，最大一宗即石頭埔十三甲水田買賣四千大員，每分地三十點七七員。

〔註27〕台灣銀行經濟研究室編：《臺灣南部碑文集成》〈丙、其他（上）／重修碑記〉，（臺北市：臺灣銀行經濟研究室，1966年），頁648。

〔註28〕台灣銀行經濟研究室編：《臺灣南部碑文集成》〈丙、其他（下）／天后宮捐題重修芳名碑記〉，（臺北市：臺灣銀行經濟研究室，1966年），頁671。臺澎掛印總鎮府邵捐銀十大員。鹽運使司銜府正堂孔捐銀二十員。臺防廳兼理番分府洪捐銀五十員。欽加道銜前淡防廳丁捐銀十二員。臺郡三郊蘇萬利、金永順、李勝興合捐銀三百四十。北港廈郊金正順、泉郊金合順、糖郊金興順捐銀一百二十大員。泉郡生員黃鵬程敬捐佛銀一百大員。鹽水港糖郊李勝興、水郊金寶順合捐銀三十大員。北港朝天宮二、三媽眾轎班捐銀十二大員。臺郡綢緞郊金義成捐銀二十四大員。本境金協興等合捐佛銀二十大員。臺郡 敢郊金義利捐佛銀十八大員。新南港轎班金福安捐佛銀十八大員。臺郡煙 敢郊合捐佛銀一十二員。鳳邑呵緱街龔進義捐佛銀十二員。鹽水港軍功千總李志鏞捐銀十二大員。鹽運司運同銜石時榮、五品銜藍翎吳尚霖、紙郊鍾金玉、布郊金綿、監生黃金標、北郊布郊金慶順、同知職銜邱謙光、餉典順裕號、順益號、福安號、裕發號、協榮號、陳合成、魏茂源、信隆號、朱英瑞、陳興泰、黃源發、監生石朝寶、員外郎銜刑部主事黃應清，以上各捐銀十大員。

〔註29〕台灣銀行經濟研究室編：《臺灣私法物權編》，〈卷二物權／第一節業主權／第一款業主權之沿革／第二項厝地之業主權／第七五賣地基字〉，（臺北市：臺灣

	年　份	出　　處	內　　　容	貨幣	貨幣單位
5	1883 年	佃批字	三面言議時值壓地佛銀四十六大元正〔註30〕	佛銀	大元
6	1895 年	魂南記	船價番錢七元……番錢十二元。〔註31〕	番錢	元

從上文可以證明在西元 1895 年以前貨幣混亂，貨幣單位也不同：番錢的單位——圓、員、元、大圓；佛銀的單位——大員、員、大元、元、角。但是換算之後的結果是一樣的，因此本論文將其視為同單位計算。

1895 年之後，進入日據時期，其貨幣單位是否有所改變？學者北山富久二郎提出，直到 1930 年代，臺灣人不管是使用臺灣銀行券也好，輔助貨幣也好，依然稱價格標準（貨幣額）之壹圓為「一元銀」，把百圓稱為「一百元銀」，文字上的「圓」和「元」似乎是互相通用的。〔註32〕

同時，從米價證明此事。何佳韻《日治時期臺灣北部地方米價的新探索——《新屋鄉葉氏嘗簿》的解讀與介析》發現帳簿中出現的貨幣單位有元、角、圓、員、円、錢、厘等，足以反映日本統治臺灣期間民間使用貨

銀行經濟研究室，1963 年）。頁 582。立賣地基字人翁清鑾等，有承父遺下自己應份股額，得王能官起蓋店地基一坎，歷年應收稅租佛銀一元五角正。其店坐落土名在中港新街西畔，四至界址分明。今因乏銀別創，願將地基出賣，先盡問叔兄弟姪人等俱不能承受，外托中引就與後壠街大帝爺出首承買，值時價佛銀四大元正。其銀即日同中交訖；將地基即付銀主前去掌管，永遠記收。此係三面言議，二比甘願，恐口無憑，今欲有憑，立賣地基字一紙，付執為炤。

〔註30〕台灣銀行經濟研究室編：《臺灣私法物權編》，〈卷二物權／第三節贌權／第二款贌地基//第一六佃批字〉，（臺北市：臺灣銀行經濟研究室，1963 年），頁 736～737。立佃批字人半線保新埔六塊寮莊柯世情、柯世農、柯媽超等，有承伯父遺下田園一所，坐落土名在溪底，抽出車路南園二段，併四面插竹圍樹木。茲因柯豬官、柯沃官、黃歷同托中向與柯世情、柯世農、柯媽超等求墾厝地，三面言議時值壓地佛銀四十六大元正……光緒九年二月　日。

〔註31〕易順鼎著、台灣銀行經濟研究室編：《魂南記》，（臺北市：臺灣銀行經濟研究室，1965 年）。頁 3。易順鼎（1858～1920），字實甫，又字中碩，自號眉伽、哭庵。湖南龍陽（今漢壽）人。1875（光緒元年）舉人，張之洞曾聘他擔任兩湖書院經史講習。光緒 21 年（1895）中日馬關條約簽訂後，易氏曾兩次上書都察院條陳時務，力陳不可割地賠款。割台議定後，更自動請命於光緒 21 年 5 月、7 月間兩度攜軍餉赴台灣，協助劉永福、黎景崧抗拒日軍之接收。其著作《魂南記》是以日記形式，記錄自光緒 21 年 5 月 1 日請命赴台，至 9 月劉永福內渡福建為止的抗日經過，〈魂南集〉則是當時經各地吟詠所作。

〔註32〕北山富久二郎著、臺灣銀行經濟研究室編：〈日據時代臺灣之幣制政策〉《台灣經濟史第七集》，（臺北：臺灣銀行，1959 年），頁 91～144。

幣依舊紊亂的情形。「元角」是清代臺灣民間遺留的秤量貨幣〔註 33〕，而「圓（員、円）、錢、厘」則是日本政府的貨幣單位。根據何佳韻的研究，從明治 34 年至昭和 18 年間（西元 1901 年～1943 年）帳簿中各款項之加總與總金額無誤。因此推論，在日本殖民統治之下，儘管臺灣人把「元」、「圓」混淆使用，但不論是日幣圓銀的壹圓、臺灣銀行券的壹圓、粗銀一元或金壹圓，甚或外國貨幣計數銀的一元，其實都是以一個一個的「圓」單位作為計算。〔註 34〕

　　清末及日據初年貨幣多元、單位混亂，依照文獻的說明，以下討論將其視為同一單位：圓。

（二）身價銀的高低

　　清代台灣的聘禮中多稱為「番錢」，《諸羅縣志》云：但必多議聘金，以番錢六十圓為最下。〔註 35〕而契約文書則較常見「佛銀」，甚至較晚期的契約書還會列出其與銀兩的兌換率，如「備出佛銀捌大元，庫秤五兩六錢。」〔註 36〕。

　　馬關條約後台灣割日，日本的貨幣度量衡制度都和原來台灣的不同，但

〔註33〕清代臺灣民間採間秤量制的銀元制，是當時臺灣特有的貨幣交易現象。當時台灣民間的經濟活動是以十進位元、（元、角Ａ、點、文）的銀元制為主要的計算標準。19 世紀中葉之後，各國銀元相繼流入臺灣，並同時在島內流通。然而，但各主要銀元的成色重量，均不相同，在交易時，各種銀幣的價值並非取決於面額，而是取決於含銀量，因此，當時臺灣民間所稱的「一元」指的是，貨幣數量單位的銀幣一枚，而非價值單位的銀幣一元。李世暉：〈日本政府與殖民統治初期台灣的幣制改革〉，《政治科學論叢》，（第 38 期，2008 年 12 月），頁 71～112。

〔註34〕何佳韻：《日治時期臺灣北部地方米價的新探索——《新屋鄉葉氏嘗簿》的解讀與介析》，國立成功大學歷史學系學位論文，2010 年，頁 43。

〔註35〕其他地方志如：黃叔璥著、臺灣銀行經濟研究室編印：臺灣文獻叢刊第四種《臺海使槎錄》〈赤崁筆談〉，（台北：臺灣銀行經濟研究室，1957 年），頁 39：「及笄送聘，或番錢一百圓，或八十、六十、四十圓。」；陳淑均著、臺灣銀行經濟研究室編印：臺灣文獻叢刊第一六〇種《噶瑪蘭廳志》第二冊，（臺北市：臺灣銀行經濟研究室，1963 年），頁 189：「及笄，送聘則用番銀，湊完前禮。」；臺灣銀行經濟研究室編印：臺灣文獻叢刊第一六四種《澎湖廳志》第二冊，（台北：臺灣銀行經濟研究室，1963 年），頁 312：「聘金不論貧富，定例用番銀三十六員，女家回三員，以為折買鞋襪之禮。

〔註36〕臺灣銀行經濟研究室編輯：《台灣私法人事編》下冊，（南投：臺灣省文獻委員會，1994 年），頁 586。

日人取漸進的方式推行其制度，即學者所謂四階段，軍憲鎮壓時期、尊重舊慣時期、同化政策時期、皇民化時期〔註37〕，要到第三階段才將日本的比重加強，在契約中可看到點滴的改變，但在明治統治的最初十年，民間契約的改變還不至於造成統計的困難。〔註38〕

以下針對筆者第三章收集的契約文書，將個案例資料統整於附錄一（頁141）。從清代時期到日據時代，雖然契約文書的身價銀貨幣名稱不同、單位不一，但基於上述的討論佛銀即番銀、番錢的一種。而貨幣單位則統一視為「圓」。

表 15　契約文書中各身價銀比較表

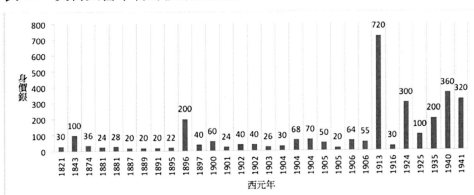

如上圖，根據筆者收集的 30 則註明身價銀之契書中，除了 6 筆明顯金額特別高之外，其餘身價銀皆在 100 以下。根據圖 3（頁 130）：下等社會收入每日為 70、80 錢，其中 5%作為儀式〔註39〕，若以 100 元為娶妻之用，若則必須每天工作賺錢，連續 6.9～7.8 年才能夠存到 100 元。下層百姓基於生活基本需求，不得不選擇變例婚姻有其背景因素。

〔註37〕周婉窈：〈歷史的統合與建構——日本帝國國內台灣、朝鮮和滿州的「國史」教育〉，〈《台灣史研究》第十卷第一期，中央研究院台灣使研究所籌備處，民國九十二年六月），頁三三至八四。

〔註38〕陳哲三：〈清季清丈與日初土地調查對台灣民間契字演變之影響——以草屯地區為例〉，〈《台灣文獻》第 51 卷第 2 期，民國 89 年 6 月 30 日。）頁 135～162。

〔註39〕臨時臺灣舊慣調查會：《調查經濟資料報告》（臨時臺灣舊慣調查會第二部）下冊，1905 年，頁 523。儀式包含：祭祖費、年節祭費、冠婚費、壽費、喪費。

第二節　貧窮問題

　　清代、日據時期的台灣民眾，其生活的真實樣貌為何？筆者從百姓的生活費用以及米價進行分析，試圖量化及對比聘金的金額與基本生存的費用。

　　臺灣總督府臨時台灣舊慣調查會〔註40〕，1898 年總督府內開始計劃進行舊慣調查，1901 年臨時台灣舊慣調查會成立，各種調查成果皆以報告書方式出版，例如《臺灣私法》等。其中《經濟資料報告書》內詳細記載各階層百姓的生活所需費用以及米價，筆者藉此來分析庶民的生活壓力。

一、生計費

　　《舊慣》〔註41〕詳細記載勞動者生活費用：生計費〔註42〕，極具參考價值。將生活費用換算成年薪，再對比身價銀金額便能更清楚了解下層百姓的生活情況。以下將時間點分成清末與日據兩部分說明。

（一）清末臺灣

　　以舉臺北為例說明：領臺前（西元 1895 年前）一般勞動者每個月的生計費約三圓，今日（西元 1904 年前後）生計費上升為 3.98 圓，上升 30%；工資率上漲率更是在 30%到 150%之間。〔註43〕以筆者收集的契書來看，1895 年之前的典、賣妻身價銀在 20 圓～100 圓之間，若以每月 3 圓的生計費計算，100 圓身價銀，大約是 33 個月的全部薪資。

〔註40〕文化部，臺灣大百科全書，臺灣總督府臨時台灣舊慣調查會：http://nrch.culture.
　　　　tw/twpedia.aspx?id=5844 總督府為調查臺灣民情風俗與慣習而設立之機構。
　　　　1898 年總督府內開始計畫進行舊慣調查，隔年使用土地調查局之經費，委
　　　　託京都帝國大學教授岡松參太郎主持調查事業。1901 年臨時臺灣舊慣調查會
　　　　成立……以上各種調查成果皆以報告書方式出版，包括《臺灣私法》《清國
　　　　行政法》《蕃族慣習調查報告書》《經濟資料報告書》等，這些出版品甚具
　　　　研究價值。
〔註41〕臨時臺灣舊慣調查會：《調查經濟資料報告》（臨時臺灣舊慣調查會第二部）
　　　　下冊，1905 年。
〔註42〕せいけいーひ【生計費】：生活を維持するために必要な費用。中文意思指：
　　　　生活費。
〔註43〕吳聰敏：〈1895 年前後台灣的產出、工資率與物價〉，1999 年，未刊稿，下載
　　　　日期：2018 年 10 月 28 日，網址：http://homepage.ntu.edu.tw/~ntut019/ltes/
　　　　wp1895.pdf，頁 12。原出處：臨時臺灣舊慣調查會：《調查經濟資料報告》（臨
　　　　時臺灣舊慣調查會第二部）下冊，1905 年），頁 468。

對比《臺風雜記》：是以男子勞身蓄金，以此金娶妻。〔註44〕《臺灣民俗風物雜記》：從前台灣青年大多有一個嚴重的煩惱〔註45〕。《民俗臺灣》：清朝末年以來，訂婚後付不清聘金（代身價）。〔註46〕等等的文獻資料，相互呼應。

（二）日據台灣

根據西元 1901 年《舊慣》的生計費調查，將內容分為上等、中等、下等社會。上等社會指財產約 10 萬圓左右；每年有銀 1 萬圓左右之收入，每年生計費約 5,000 圓〔註47〕。中等社會指財產約銀 1 萬圓，每年約 1,200 銀圓之收益，生計費也是約 1，200 銀圓〔註48〕。「一般商家」屬於中等社會；「卸小賣商」，「上等農家」也屬於中等社會〔註49〕。另外，根據臺灣協會會報第七號〔註50〕，臺灣總督府所規定的師範學校教師年俸一級 1600 圓；二級 1400 圓；三級 1200 圓；四級 1000 圓；五級 900 圓；六級 800 圓；七級 700 圓；八級 600 圓。因此教師在日據時期也屬於中等社會。

而下等社會則包含小農、職工（木匠、行商、勞動者等），這是台灣社會人數最多的階層。〔註51〕相關資料統整如下表。資料來源，《舊慣》（下卷，頁 574-92）。單位：錢／每日。一年以 360 日換算；一月以 30 日換算。「食費」包含：阿片、石油、煙草等；「其他」項包含：年節祭費、祭祖費、醫藥費等。

〔註44〕〔日〕佐倉孫三：《臺風雜記》，（臺北：臺灣銀行經濟研究室，1961 年），頁 3。

〔註45〕國史館臺灣文獻館，臺灣民俗文物辭典：http://dict.th.gov.tw/term/view/2736，查詢日期：107 年 11 月 2 日。

〔註46〕林川夫：《民俗台灣（第二輯）》，（武陵出版社，1980 年 2 月），頁 35。

〔註47〕臨時臺灣舊慣調查會：《調查經濟資料報告》，（臨時臺灣舊慣調查會第二部）下冊，1905 年，頁 523。

〔註48〕臨時臺灣舊慣調查會：《調查經濟資料報告》，（臨時臺灣舊慣調查會第二部）下冊，1905 年，頁 548。

〔註49〕臨時臺灣舊慣調查會：《調查經濟資料報告》，（臨時臺灣舊慣調查會第二部）下冊，1905 年，頁 565～567。

〔註50〕作者待考：《臺灣協會會報》，第 2 卷，（東京：株式会社ゆまに書房，1987 年），頁 189。

〔註51〕吳聰敏：〈1895 年前後台灣的產出、工資率與物價〉，1999 年，未刊搞，下載日期：2018 年 10 月 28 日，網址：http://homepage.ntu.edu.tw/~ntut019/ltes/wp1895.pdf，頁 7～8。

表 16　下等社會階層生活費

身　　份	收入	總支出	食費	被服費〔註52〕	器具費	房租	其他
（1）獨身職工	65.0	45.1	26.3	8.0	6.8	1.9	3.0
（2）獨身木匠	60.0	53.1	30.9	6.7	9.7	3.3	2.5
（3）有眷土工	50.0	44.0	25.0	8.3	5.6	3.3	1.8
（4）燒賣鳥	78.0						
（5）賣餅	84.2						
（6）蕎麥、餛飩	56.1						
（7）勞動者	45.0	20.6	12.2	3.5	0.8	2.7	1.4
（8）搬運夫	30.0	25.6				3.3	
（9）車伕		34.2	22.0	2.8	2.1	3.3	4.0
（10）獨身車夫			21.6			1.0	
（11）勞動者	40.0	34.0	15.0	4.0		2.0	9.0

（11）資料來源為《臺灣協會會報》，第 32 號，1901 年 5 月，頁 33。為基隆地方之調查結果。同項資料來源列有日本人勞動者之所得約 80 錢，生活費約 68 錢。

資料來源：《舊慣》，整理者：吳聰敏

　　根據 1910 年《舊慣》資料，彙整成上表。日據初期台灣的低所得階層，每日收入約在 40 錢到 80 錢〔註53〕之間。在支出方面，食費約占總支出的 50%～60%；而食費中又以米最為重要。對比筆者收集的契書，西元 1901 年〈孫向章贖身字〉，因夫妻不和，將妻子讓本家贖回，取得身價銀 24 大員。若以每日收入 30 錢來計算，根據「統一貨幣單位」以及「100 錢等於 1 圓」的原則，24 大員正好是一個下層勞動者 80 天的薪水。1902 年〈謝來觀賣妻子字〉將妻子魏氏同兒子一同賣給林連生，身價銀 40 大員，若以每日收入 30 錢來計算，大約是 133.3 天的薪水。

　　無獨有偶，在《臺灣農村社會經濟發展》〔註54〕書中，也同樣是根據《舊

〔註52〕日文：ひふくひ，指衣物相關的費用。

〔註53〕黃秀政、張勝彥、吳文星著：〈第七章、日治時代的政治與經濟〉，《臺灣史》（臺北：五南，2002 年），頁 192～193。日治之初，臺灣流通的貨幣多達百餘種，加上大量日幣的流入，換算欠缺固定的標準，幣制極為紊亂。1871 年），日本廢兩改圓，一圓為一百錢，一錢為十厘，通行全國。

〔註54〕馬若孟：《臺灣農村社會經濟發展》，（臺北市：牧童，1979 年），頁 146。資

慣》的資料，將之整理如下表「十九世紀末臺灣不同社會階層抽選的家戶之生活費用資料」。而其中「儀式」包含：祭祖費、年節祭費、冠婚費、壽費、喪費。

社會階級	家產	食物和燃料		衣服		傢俱		儀式		教育		鴉片		交通		其他	
		值	百分比	值	百分比	值	百分比	值	百分比	值	百分比	值	百分比	值	百分比	值	百分比
上層1	財產值100000	1185	13	712	8	521	6	3927	43	20	0.2	240	2.6	800	8.2	1678	9
上層2	財產值100000	1362	14					2700	29	120	1.2	840	9	1000	10.4	3384	6.4
上層3	財產低於100000	638	10	884	13	1273	20	1490	23	80	1	232	3	360	6	1476	24
中層1	同上	440	13	338	10	314	9.5	1780	53	10	0.5			80	2	380	12
中層2a	同上	179	31	173	30	129	23	5	1			36	6	18	3	32	6
中層2b	同上	129	5	125	5			2000	85							100	5
中層3a	一年賺5000元的商人	830	11	180	2	300	4	4720	62	35	0.2			100	0.8	1462	20
中層3b	一年賺1800元的批發商人	780	33					800	36					100	4	620	27
中層3c	商人	240	32					120	16							383	52
中層4	一年賺1500元的富農	1300	44	100	3	100	3	1050	37	10	0.5			200	7	170	5.5
下層1a	一年賺220元的1.4甲小農	58	40					15	10							73	50
下層1b	一年賺115元，有2甲田的茶菜農	156	100														

料來源：臨時臺灣舊慣調查會第二部，經濟調查資料報告，卷二，主要根據PP.500～595的資料。

社會階級	家產	食物和燃料		衣服		傢俱		儀式		教育		鴉片		交通		其他	
		值	百分比	值	百分比	值	百分比	值	百分比	值	百分比	值	百分比	值	百分比	值	百分比
下層 2a	一天賺 70～80 分的工人及一天賺 50～60 分的水泥工匠	96	58	29	18	25	15	8	5							7	4
中層 2b	一月賺 15 元的木匠	127	74	24	14			7	4							14	8
中層 2c	一月賺 15 元或一年 180 元的店員	90	32	3	1	2	1	171	61					3	1	14	4
中層 3a	一天賺 45 分的苦力	43	59	12	16	3	4	4	5							11	16
中層 3b	一天賺 50 分的運輸工人	80	71	11	9	8	7	3	2.5							12	10.5

　　筆者針對上、中、下等社會的民眾日常生活支出的項目，各階層取一例作成圓餅圖分析：圖 1 是「上層 1 財產值 100000」、圖 2 是「中層 3b 一年賺 1800 元的批發商人」、圖 3 是「下層 2a 一天賺 70～80 分〔註 55〕的工人及一天賺 50～60 分的水泥工匠」。

〔註 55〕維基百科：https://zh.wikipedia.org/wiki/%E8%A7%92_（%E8%B2%A8%E5%B9%A3）1 元=10 角，1 角=10 分。1 元=10 角=100 分。與註解 42 相互對照可以得知：100 分=100 錢=1 元。

圖1　上層社會家財支出分配表

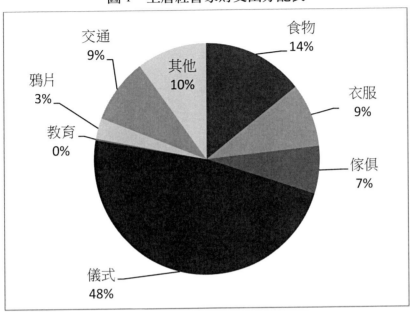

圖2　中層社會家財支出分配表

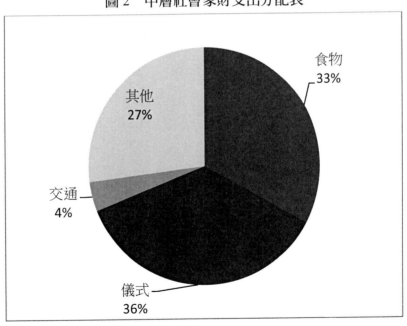

圖3　下層社會家財支出分配表

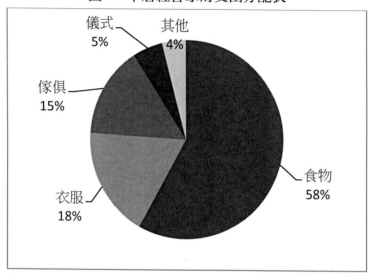

民以食為天，食物是生存的最基本需求。因應總收入的高低，食物在總收入的比例便會有所不同。上層社會以「儀式」為總支出的最高項目，而下層社會則是以「食物」（生活基本需求）為最高。故社會底層的民眾，面對龐大的生活壓力，尚要存款娶妻，難度相當高。

《臺灣協會會報》於明治34年（西元1901年）所述「基隆勞動者的狀況」〔註56〕，記載各行業勞動者一天的薪資，分成內地人（日本人）與本島人（臺灣人）有所不同，本島人的薪資卻不平等的低於內地人。以下針對臺灣個勞動階層進行分析：

表17　西元1901年基隆勞動者一日薪資概況

	職　業	薪　資
1	大工（木工）	40錢～80錢
2	左官（泥水匠）	40錢～80錢
3	石工	50錢～90錢
4	木挽（伐木工人）	40錢～80錢
5	人夫（臨時工）	35錢～50錢
6	運搬	一里15錢

資料來源：《臺灣協會會報》

〔註56〕作者待考：《臺灣協會會報》，第5卷，第三十二號，（東京：株式会社ゆまに書房，1987年），頁519。

假定本島人（臺灣人）一人一日所得為 40 錢，其生活程度：一日房貸 2 錢；衣服臥具 4 錢；食料 15 錢；雜費 9 錢；餘額 10 錢〔註57〕，分析如圖4。由此可知，勞動者的收入，完全沒有多餘的金額能存款娶妻。生活壓力極大，入不敷出。對比圖3，一天賺 70、80 錢的工人，食物占了總收入的 58%。而如上所述，一天賺 40 錢的工人，食料只有 15 錢，佔總薪資的 37.5%。由此可知，社會底層的民眾，「食物」在整體薪資的比例異常沉重，食不果腹情形清晰可見，遑論娶妻成家。

圖4 《臺灣協會會報》基隆勞動者一日薪資分配表

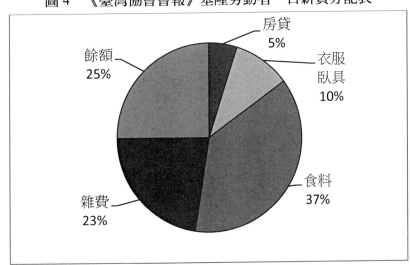

二、米 價

典、賣妻的現象多發生在一貧如洗、家徒四壁的下層社會中，若下層百姓以生存為最後底線，那麼「米價」高低便緊緊地扼住民眾的咽喉。經濟學界將米價視為物價指數的構成數值之一〔註58〕。下等社會生活費用之中，食物佔了一半的支出，因此生活費用的多寡，相當程度地受到的稻米價格的影響〔註59〕，以下將以米價進行比較說明。

〔註57〕作者待考：《臺灣協會會報》，第 5 卷，第三十二號，（東京：株式会社ゆまに書房，1987 年），頁 519。

〔註58〕吳聰敏：〈臺灣農村地區之消費者物價指數：1902～1941〉，（經濟論文叢刊 2005 年 12 月 33 卷 4 期），頁 321～355。

〔註59〕吳聰敏：〈1895 年前後台灣的產出、工資率與物價〉，1999 年，下載日期：2018 年 10 月 28 日，網址：http://homepage.ntu.edu.tw/~ntut019/ltes/wp1895.pdf，頁 7。

（一）清末時期的米價

依《臺灣協會會報》〔註60〕（第51號）所記錄之台北米價1875年與1885年皆為每石4圓，1894年則上升6圓。〔註61〕文中所提到的「臺島米價」，即係臺北艋舺祖師廟橫街米商謝九，所備之帳上。筆者將其整理如下：

表18 《臺灣協會會報》臺島米價

日本年號	清朝年號	西 元	價 格
明治9年	光緒2年	1876	4
明治10年	光緒3年	1877	5
明治11年	光緒4年	1878	5
明治12年	光緒5年	1879	4
明治13年	光緒6年	1880	4
明治14年	光緒7年	1881	4
明治15年	光緒8年	1882	4
明治16年	光緒9年	1883	3
明治17年	光緒10年	1884	3
明治18年	光緒11年	1885	4
明治19年	光緒12年	1886	5
明治20年	光緒13年	1887	5
明治21年	光緒14年	1888	4
明治22年	光緒15年	1889	4
明治23年	光緒16年	1890	5
明治24年	光緒17年	1891	5
明治25年	光緒18年	1892	4
明治26年	光緒19年	1893	5
明治27年	光緒20年	1894	6

〔註60〕作者待考：《臺灣協會會報》，第8卷，（東京：株式会社ゆまに書房，1987年），頁135～136。

〔註61〕吳聰敏：〈1895年前後台灣的產出、工資率與物價〉，1999年，下載日期：2018年10月28日，網址：http://homepage.ntu.edu.tw/~ntut019/ltes/wp1895.pdf，頁8。

日本年號	清朝年號	西　元	價　格
明治 28 年	光緒 21 年	1895	6
明治 29 年	光緒 22 年	1896	6
明治 30 年	光緒 23 年	1897	7
明治 31 年	光緒 2 年	1898	9
明治 32 年	光緒 3 年	1899	9
明治 33 年	光緒 4 年	1900	8
明治 34 年	光緒 5 年	1901	8

資料來源：《臺灣協會會報》

米價隨著經濟浮動，從 1876 年到 1901 年的價格幾乎是翻倍，米價越高，代表民眾在食物的支出項目越多，生活越是捉襟見肘。

（二）日據時期的米價

從西元 1901 年《舊慣》〔註62〕所調查的「各社會階層一年中所需的白米數量及價格」〔註63〕，藉以了解當時人民的生活相貌。

許毓良〈清代臺灣的人口估量〉〔註64〕一文中提及：一人一天的食米數量為何？參酌《則例》對出洋船員攜米的規定，確定一人一天食用一升的米。〔註65〕藍鼎元，《平臺紀略》：招募壯丁……人日給米一升。〔註66〕一人一天食米一升，一年食米 365 升。十升等於一斗，十斗等於一石，一百升等於一石。筆者進一步算出一人一年白米費用（各階層的白米價格除以家庭人數），分析中間的異同。

〔註62〕臨時臺灣舊慣調查會：《調查經濟資料報告》，（臨時臺灣舊慣調查會第二部）下冊，1905 年）。

〔註63〕臨時臺灣舊慣調查會：《調查經濟資料報告》，（臨時臺灣舊慣調查會第二部）下冊，1905 年），頁 523～583

〔註64〕許毓良：〈清代臺灣的人口估量〉與大歷史學報　第二十期，民國 97 年 8 月），頁 75～108。

〔註65〕不著編人：《兵部則例□□卷‧海禁》，清乾隆內（務）府抄本，北京國家圖書館藏。

〔註66〕藍鼎元：《平臺紀略》（臺灣銀行文獻叢刊第一四種，1958 年 4 月），頁 59～60。

表 19 《舊慣》「各社會階層一年中所需的白米數量及價格」

	身　份	財產（圓）	家庭人數（人）	數量（石）	代價（圓／年）	平均一人一年白米費用
1	上等社會第一例	10 萬	20 人		350 圓	17.5 圓
2	上等社會第二例		20 人	50 石	360 圓	18 圓
3	上等社會第三例	80 萬以下財產	10 人	24 石	180 圓	18 圓
4	中等社會第一例	1 萬左右	10 人		120 圓	12 圓
5	中等社會第二例之一	10 萬以下	2 人	4 斗 5 升〔註 67〕	36 圓	18 圓
6	中等社會第二例之二		2 人	5 石 4 斗	30 圓	15 圓
7	下等社會一般職工	平均一天7、80 錢	本例是一日65 錢的單身職工	2 石 4 斗	17 圓 28 錢	17 圓 28 錢
8	下等社會大工（木匠）		本例是一日60 錢的單身職工	2 石 4 斗	16 圓 32 錢	16 圓 32 錢
9	下等社會土工		本例是有妻的職工一個月收入15圓		42 圓	21 圓

資料來源：《舊慣》

　　萬貫家財三頓飯，千戶房屋一張床，若以每人每年的白米費用來看，相去不遠。上、中、下階層的百姓差別在於，除了白米的花費在總財產或上生計費上的比例。對照圖 3（頁 130）發現，同樣的白米花費已經佔了下層百姓生活費的一半，若白米的價格上漲，左支右絀、納履決踵的貧困生活，讓成婚遙遙無期。

───────────

〔註 67〕 臺灣總督府・臨時臺灣舊慣調查會，臺灣省文獻委員會編，陳金田譯：《臨時臺灣舊慣調查會第一部調查第三回報告書：臺灣私法第三卷》，（南投市：臺灣省文獻委員會民，1993 年），頁 245。臺灣在清代以石為米穀計量單位，而以石的十分之一為斗，斗的十分之一為升，升的十分之一為管，管的十分之一為合，合的十分之一為勺。

（三）米價與契書對比

根據何佳韻研究日治時期臺灣北部地方米價，搭配「一人一年大約食米3.65 石」的原則，計算出「一人一年的白米費用」。同時，再對照「筆者收集之契書及判例」以及「身價銀」，搭配同年度米價及契書，算出「身價銀與白米比例」。舉例來說：西元 1901 年「身價銀與白米比例」為 1.5 倍。代表 1901 年身價銀是一人一年份白米花費的 1.5 倍之多。

表 20　契約文書中的身價銀與米價的比較　　　　　單位：圓／米石

西元	年平均米價	一人一年白米費用	筆者收集之契書及判例	身價銀	身價銀與白米比例
1901	4.26	15.55	孫向章贖身字	24	1.54
1902	4.94	18.03	謝來觀賣妻子字	40	2.22
			林阿九贖身收銀字	40	2.22
1903	5.61	20.48	徐笋贖回字	26	1.27
1904	5.01	18.29	黃全先賣配甘願字	30	1.64
1904	5.01	18.29	楊片賣妻字	68	3.72
			謝文福贖字	70	3.83
1905	4.43	16.17	林順奎領回身價字	50	3.09
			陳添助贖回字	20	1.24
1906	5.78	21.1	劉阿妹甘願字	64	3.03
			黃阿春甘願字	55	2.61
1913	5.86	21.39	大正 02 年第 804 號	720	33.66
1916	5.6	20.44	吳阿皇預約字	30	1.47
1924	12.6	45.99	大正 12 年合民第 46 號	300	6.52
1925	16.64	60.74	大正 13 年合民第 333 號	100	1.65
1935	13.6	49.64	林文吱契約書	200	4.03
1940	21.15	77.2	昭和 14 年合民第 107 號	360	4.66
1941	20.73	75.66	昭和 15 年合民第 168 號	320	4.23
平　　均					4.59

資料來源：《新屋鄉葉氏嘗簿》「日治時期新屋地區地租類米價（1901～1943）」

從同年份的米價與契約文書做比較，「身價銀與白米比例」可以看出，

典、賣妻的費用是一年份白米的 1.24～33.66 倍之多。雖然米價有所起伏，但直到接近日據時期尾聲，身價銀與白米比例變成 5 倍。換句話說：以底層百姓娶妻而言，縱使是變例婚姻的身價銀，平均下來也需要 5 年份左右的白米費用。可以推知當時人民的生活處境辛苦、婚娶困難，雖然官方極力用法律來遏止典、賣妻的風俗，讓女子擺脫物化。但提升經濟、遏止高聘金風俗，才是釜底抽薪之策。

　　學者蔡玫姿，從帶有典妻、賣妻、共妻元素的現代小說：臺靜農〈拜堂〉（1927）、沈從文〈蕭蕭〉（1929）、羅淑〈生人妻〉（1936）、王禎和〈嫁妝一牛車〉（1967）與賈平凹〈天狗〉（1988）中點明，在經濟困頓、女性身體被物品化中，作家如何替面對經濟、性別壓迫的下層女性發聲。〔註 68〕用貼近人民的角度，同理百姓的悲傷，同時也警醒執政者，典、賣妻風俗的形成，並非是單純的百姓間的人口典賣、買賣問題，而是社會未給予百姓更好的生活條件。

〔註 68〕王三慶，陳益源主編：《2007 東亞漢文學與民俗文化國際學術研討會論文集》〈蔡玫姿：典妻、共妻、賣妻小說中的風俗文化與性別主體發聲〉，（臺北市：樂學，2007 年），頁 288。

第六章　結　論

　　綜觀清末以來台灣之典、賣妻風俗，其歷史演變、社會背景、法律爭議以及身價銀所反映的民眾生存現況，歸納比較之後，其對於現代的意義說明如下：

1. 形成變例婚姻的時空背景因素

　　風俗是反映社會的一面鏡子，在正式婚娶的禮儀之外所產生的變例婚姻，定有某些不可抗力之因素，回溯歷史長河──朝代更替，百姓被迫嫁妻賣子以求生；高額賦稅，民眾無奈質妻賣兒以償，這讓變例婚姻有時會扮演濟貧的角色，兩人與其相擁而亡，不如拆嫁逃生。因此，典、賣妻的風俗才會隨著乘著歷史方舟，不斷在時代中前進。

　　貧窮是造成典、賣妻的主因，因此，此風俗也發生在偏僻的山區以及偏遠的海濱。據學者研究閩南及福建丘陵地區是主要的集中地之一。福建婚俗中的「僕妻」就是最好的證明：將妻子在某些時間的權利賦予他人使用。此說法來自於土地典賣，社會底層百姓不願意將作為經濟來源的土地「賣」斷，寧願採用「典」的方式，讓自己擁有贖回的可能性，而套用在變例婚姻上就形成了「典、賣妻」婚俗。

　　與台灣一水之隔的福建閩南地區，在清初開始大量移居台灣。當時清廷為了鞏固海防，因此在渡海禁令中限制搬眷，迫使台灣成為男多女寡的移墾社會，而衍生出巨大的社會問題：成婚困難、男女比例失衡、上層社會重視聘金、富人一妻多妾等因素。因此，變例婚姻在台灣逐步蔓延，而典、賣妻的風俗也台灣出現，從筆者收集到的契約文書中可知一二，其時間點從清末到

日據，亦是政權交替、社會動盪的時刻。

2. 台灣契約文書中典、賣妻之因

　　筆者收集到的契書總共 30 則契書，以典妻與賣妻兩類分述之。典妻方面因貧病交迫以及求子需求為主要原因。王某因身染廢疾，經濟囹困，且無後嗣，思來想去只得出典妻子，招夫共同持家。

　　賣妻方面的契書數量最多，可再細分成以「改嫁為名」的賣妻字以及以「贖身為名」的賣妻字。從改嫁字的內容來看，原因分成四種：首先是貧困，再來是求子、三則是夫妻不和，最後尚有一些契書未記載改嫁之由。而因「夫妻不和」而將妻子改嫁的契書數量居冠，這和歷史中所形成的典、賣妻原因有些出入，仔細判讀資料後發現 8 則契書裡頭，有一半隱藏著貧窮的因素。推斷雖然契書上白紙黑字的賣妻之因外，事實上背後有著更複雜的綜合因素，同時也脫離不了貧窮。

　　而以「贖身之名」行賣妻之實的贖身字，以 13 則記載「夫妻不睦」之契書數量居冠，並切確寫下贖身金額。仔細研讀後發現，贖身字與金錢的密切度更高，甚至有些契書中寫到「家中缺乏甚然」、「日食難度」等原因，但是掩蓋在主觀的夫妻不睦之大旗下。

　　典、賣妻風俗，是無法正式婚娶下旁逸斜出的變例婚姻，因此聘金問題便會讓婦女緊緊地與金錢綁在一起，縱使典、賣妻的原因多元且複雜，但都離不開「貧困」的主因。

3. 典、賣妻的法律爭議

　　典、賣妻事件本身就是違法，以妻為貨的事實被歷朝歷代的朝廷所嚴令禁止，最重的刑責：杖一百，流三千里。但法網卻無法攔不住風俗在社會角落叢生的現況。既然是違法，為何又要鬧上衙門？

　　起因於典賣與絕賣的找價問題，與土地買賣形式類似。丈夫將妻子典給他人，代表本身窮困已極，並不具備償還款的能力。如若要從「典」變成「賣」，丈夫便會找典夫或是買主索求更高的金額，買主願意息事寧人者便會付錢，若否，則會鬧上官府。

　　台灣清末以來法令依舊對於典、賣妻有強烈規範，到了日據時期，典、賣妻爭議持續上演。起初，日本為了方便統治，依據台灣舊慣進行判決，但官府本沒有嚴格遵守律例的規定。因此，出現明文規定禁止典、賣妻，又指

出典、賣妻是台灣舊慣，不得不承認其效力的矛盾說法。

判例特殊之處在於，部分案件的原告者是女性，對於自身的遭遇與不平，主動站到法院提出訴訟、主動站到歷史的舞台前。以筆者收集到的賣妻的訴訟，皆以婦女獲得勝訴告終，所有的裁判費用都由被告支出，同時婦女也無需歸還聘金。對比在契書中默默無語的被動角色，婦女在法律上擁有了平等的權利。

4. 變例婚姻所顯示的社會現況

正試婚姻中的高額聘金，對台灣青年形成重大負擔，迫不得已的情況下只得轉向選擇變例婚姻，以較為低價的身價銀成婚。而持續會圍繞著典、賣妻風俗的「貧窮」問題，對於清末光復前的台灣來說，此風俗所顯現的民眾生活與社會樣貌為何？筆者從生活費以及米價一探究竟。

清末以來，諸國陸續抵台，造成貨幣多元、單位混用的情形。比較相關文獻資料後，筆者推估「大員」、「員」、「元」、「圓」為同一單位。根據資料指出，1圓等於100錢。

1895年之前，台灣勞動者的生計費一個月約為3圓，對比同時期契書，其身價銀為20～100圓之間。1895年進入了日據時期，下等社會的民眾，其生活費每日大約40～80錢，而契書及判例中的身價銀從22大員～720圓不等。筆者分析下層社會家財支出分配，食物項目的支出，就佔了總收入的58%（如圖3，頁130）。以此觀之，婚娶對於台灣下層百姓而言，幾乎是喘不過氣的重擔。

接者，筆者將同年度的「米價」及「身價銀」進行比較，以期能量化身價銀對一般百姓而言，負擔之情形之小大。經計算後得知，平均身價銀是一人一年份白米價格的4.59倍。變例婚姻的身價銀都如此了，更遑論下層百姓有能力可正式婚娶。而典、賣妻所反映出的正是台灣在政權更替下，貧苦無依的百姓面貌。

而今，典、賣妻風俗已淹沒於歷史狂浪之中，光復後的台灣在經濟、教育等層面進入了高峰期，社會迎來了欣欣向榮的春天，創造了「臺灣錢淹腳目」的奇蹟，其中政府的推動功不可沒。

風俗是觀照社會的鏡子、婚姻是穩定社會的力量，若能若能鑑往知今，從台灣長久以來的文化傳統中，去其糟粕而取其精華，定能有所助益。這也是本論文期望對社會有所貢獻的微薄之力。

附錄一　台灣契約文書與判例所見之身價銀表

序號	西元年	清朝年號	日本年號	名　稱	價　錢
1	1821	道光 1	文政 4	張水贖回字	叁拾大員
2	1843	道光 23	天保 14	陳九五離緣字	壹百大元
3	1869	同治 8	明治 2	王運發招夫養夫字	每月須貼月費二十元正
4	1874	同治 13	明治 7	劉金和退婚字	三十六元
5	1881	光緒 7	明治 14	陳興官甘願字	貳拾四大元正
6	1881	光緒 7	明治 14	劉番顛出過嫁字	貳拾捌元
7	1887	光緒 13	明治 20	呂謀贖回改嫁字	貳拾大圓
8	1889	光緒 15	明治 22	江知高賣妻字	貳十大員正
9	1891	光緒 17	明治 24	黃狗貳甘願字	貳拾大員
10	1895	光緒 21	明治 28	張阿貴贖字	貳拾貳大員正
11	1896	光緒 22	明治 29	郭士火贖身字	貳百大員
12	1897	光緒 23	明治 30	張春壽贖回改嫁字	肆拾大員正
13	1900	光緒 26	明治 33	楊厚贖身字	陸拾大員正
14	1901	光緒 27	明治 34	孫向章贖身字	貳拾四大員正
15	1902	光緒 28	明治 35	謝來觀賣妻子字	四拾大元正
16	1902	光緒 28	明治 35	林阿九贖身收銀字	四拾大員正
17	1903	光緒 29	明治 36	徐笋贖回字	貳拾六大員

序號	西元年	清朝年號	日本年號	名　稱	價　錢
18	1904	光緒 30	明治 37	黃全先賣配甘願字	三十大圓
19	1904	光緒 30	明治 37	楊片賣妻字	六拾八大員正
20	1904	光緒 30	明治 37	謝文福贖字	七十大圓
21	1905	光緒 31	明治 38	林順奎領回身價字	五拾元
22	1905	光緒 31	明治 38	陳添助贖回字	貳拾大圓
23	1906	光緒 32	明治 39	劉阿妹甘願字	六拾四圓正
24	1906	光緒 32	明治 39	黃阿春甘願字	銀五拾五元
25	1913	民國 2	大正 2	<u>大正 02 年第 804 號</u>	720 圓
26	1916	民國 5	大正 5	吳阿皇預約字	三拾圓
27	1924	民國 13	大正 13	<u>大正 12 年合民第 46 號</u>	300 圓
28	1925	民國 14	大正 14	大正 13 年合民第 333 號	100 圓
29	1935	民國 24	昭和 10	林文吱契約書	貳百圓
30	1940	民國 29	昭和 15	昭和 14 年合民第 107 號	360 圓
31	1941	民國 30	昭和 16	昭和 15 年合民第 168 號	320 圓
32	1944	民國 33	昭和 19	楊海忠婚約書	身價洋若干
33	不明			許甲休書（離婚書）	貳拾五元
34	不明			林苟三交還字	身價銀若干元正

附錄二　典、賣妻之歷代律令規定

1. 條目：和娶人妻

分類：戶律婚姻		
時代	出　處	內　容
唐	〔唐〕長孫無忌等撰,《唐律疏議三十卷》卷十四‧戶婚,（臺北市：新文豐出版公司編輯部,1985 年）,頁 89。	和娶人妻及嫁之者,各徒二年,妾減二等,各離之。即夫自嫁者亦同,仍兩離之。

2. 條目：略人略賣人

分類：刑律盜賊		
時代	出　處	內　容
唐	〔唐〕長孫無忌等撰,《唐律疏議三十卷》卷二十‧賊盜,（臺北市：新文豐出版公司編輯部,1985 年）,頁 123。	諸略人略賣人（不和為略,十歲以下雖和亦同略法）為奴婢者絞,為部曲者,流三千里。為妻妾子孫者,徒三年（因而殺傷人者,同強盜法） 和誘者各減一等,若和同相賣為奴婢者,皆流二千里,賣未出售者,減一等（下條準此）。即略和誘,及和同相賣他人部曲者,各減良人一等。
宋	〔宋〕李燾撰:《續資治通鑑長編》上海師範大學古籍整理研究所、華東師範大學古籍整理研究所點校,（北京市：中華書局,2004 年）,頁 282。	律諸署人署賣人（不和為署十歲以下雖和亦同署法）為奴婢者絞為部曲者流三千里為妻妾子孫者徒三年（因而殺傷人者依強盜法）和誘者各減一等。

分類：刑律盜賊		
時代	出　　處	內　　容
元	《元史》志第五十二刑法（三）盜賊，（上海：新華書局，2004 年），頁 2097。	諸掠賣良人……為妻妾子孫者，一百七，徒三年；因而殺傷人者，同強盜法。若略而未賣者，減一等，和誘者又各減一等，及和同相賣……為妻妾子孫者，七十七，徒一年半；知情娶買及窩藏受錢者，各遞減犯人罪一等……引領牙保知情，減二等，價沒官，人給親。
明	黃彰健編，《明代律例彙編》〈刑律一‧賊盜‧略人略賣人〉，（臺北：中央研究院歷史語言研究所，1979 年），冊下，卷 18，頁 784 至頁 785。	凡設方略，而誘取良人，及略賣良人為奴婢者，皆杖一百，流三千里。為妻妾子孫者，杖一百，徒三年。因而傷人者，絞。殺人者斬，被略之人不坐，給親完聚……○若和同相誘，及相賣良人……為妻妾子孫者，杖九十，徒二年半。被誘之人減一等，未賣者各減一等。十歲以下，雖和，亦同略誘法……○其賣妻為婢，及賣大功以下親為奴婢者，各從凡人和略法○若窩主及買者知情，並與犯人同罪。牙保各減一等，並追價入官。不知者俱不坐。追價還主。
清	［清］沈之奇撰：懷效鋒、李俊點校：《大清律輯注》（上），〈大清律集解附例卷之十八〉刑律賊盜，（北京：法律出版社，2000 年版），頁 615～616。	凡設方略，而誘取良人（為奴婢），及略賣良人（與人）為奴婢者，皆（不分首從、未賣）杖一百，流三千里。為妻、妾、子、孫者，（造意）杖一百，徒三年。因（誘賣不從）而傷（被略之）人者，絞（監候）。殺人者，斬。（監候。為從，各減一等。）被略之人不坐，給親完聚……○若和同相誘（取在己）及（兩）相（情願）賣良人……為妻妾子孫者，杖九十，徒二年半。被誘之人減一等。（仍改正給親。）未賣者，各減（已賣）一等。十歲以下，雖和，亦同略誘法……其（和略）賣妻為婢，及賣大功以下（尊卑）親為奴婢者，各從凡人和略法。若（受寄所賣人口之）窩主及買者知情，並與犯人同罪。（至死減一等）牙保各減（犯人）一等。並追價入官。不知者，俱不坐。追價還主。
日據	陳金田譯：臺灣總督府臨時臺灣舊慣調查會：《臨時臺灣舊慣調查會第一部調查第三回報告書：臺灣私法第三卷》，（南投市：臺灣省文獻委員會民，1993 年），頁 242。	凡設方略而誘取良人（為奴婢）及略賣良人（與人）為奴婢者，皆（不分首從未賣）杖一百，流三千里，為妻妾子孫者（造意）杖一百，徒三年），因（誘賣不從）而傷（被略之）人者絞（監候），殺人者斬（監候、為從各減一等）被略之人不坐……給親完娶。若假以乞養過房為名，買良家子女轉賣者，罪如之（不得引例，

分類：刑律盜賊		
時代	出　處	內　容
		若買來長成而賣者，難同此律）。若和同相誘（取在己）及兩相（情願）賣良人為奴婢者杖一百、徒三年），為妻妾子孫者杖九十、徒二年半，被誘之人減一等（仍改正給親），未賣者各減（已賣）一等，十歲以下雖和同亦同略誘法（被誘略者，不坐）。若略賣和誘他人奴婢者，各減略賣和誘良人罪一等。若略賣子孫奴婢者，杖八十，弟妹及侄姪孫外孫，若己之妾子孫之婦者，杖八十、徒二年（略賣）子孫之妾減二等，同堂弟妹堂姪及姪孫者，杖九十、徒二年半，和賣者減（略賣）一等，未賣者又減（已賣）一等，被賣卑幼（雖和同，以聽從家長）不坐，給親完娶。其（和略）賣妻為婢及賣大功以下（尊卑）親為奴婢者，各從凡人和略法。若（受寄所賣人口之）窩主及買者，知情竝與犯同罪（至死減一等），牙保各減（犯人）一等，竝追價入官，不知者俱不坐，追價還主。

3. 條目：典雇妻女

分類：戶律婚姻		
時代	出　處	內　容
元	《元史》志第五十一刑法（二）戶婚，（上海：新華書局，2004年），頁2079。	諸以女子典雇於人，及典雇人之子女者，並禁止之。若已典雇，願以婚嫁之禮為妻妾者，聽。諸受錢典雇妻妾者，禁。其夫婦同雇而不相離者，聽。諸受財嫁賣妻妾，及過房弟妹者，禁。
明	黃彰健編，《明代律例彙編》〈戶律三・婚姻・典雇妻女〉，（臺北：中央研究院歷史語言研究所，1979年），冊下，卷6，頁500。	凡將妻妾受財典雇與人為妻妾者，杖八十。典雇女者，杖六十。婦女不坐○若將妻妾妄作姐妹嫁人者，杖一百。妻妾杖八十○知而典娶者，各與同罪，並離異，財禮入官。不知者不坐，追還財禮。
清	［清］沈之奇撰：懷效鋒、李俊點校：《大清律輯注》（上），〈大清律集解附例卷之六〉戶律婚姻，（北京：法律出版社，2000年版），頁256。	凡將妻妾受財（立約出）典（驗日暫）雇與人為妻妾者，（本夫）杖八十。典雇女者，（父）杖六十。婦女不坐。若將妻妾作姊妹嫁人者，杖一百；妻妾杖八十。知而典取者，各與同罪，並離異，（女給親，妾歸宗），（妻）財禮入官；不知者不坐，追還財禮。（仍離異）。

分類：戶律婚姻		
時代	出　處	內　容
	［清］沈之奇撰：懷效鋒、李俊點校：《大清律輯注》（上），〈大清律集解附例卷之六〉戶律婚姻，（北京：法律出版社，2000 年版），頁 256。	［律後註］：以價易去，約限贖回曰典，此仍還原價者，如典田宅之類也；計日受直，期滿聽歸曰雇，此不還原價者，如雇傭工之類也。
	［清］沈之奇撰；懷效鋒、李俊點校：《大清律輯注》（上），〈大清律集解附例卷之六〉戶律婚姻，（北京：法律出版社，2000 年版），頁 257。	［律後註］：必立契受財，典雇與人為妻妾者，方坐此律。今之貧民，將妻女典雇與人服役者甚多，不在此限。
日據	陳金田譯：《臺灣私法附錄參考書第一卷中》，（臺北：南天書局有限公司，1911 年），頁 126。	凡將妻妾受財典雇與人為妻妾者杖八十，典雇女者杖六十，婦女不坐。若將妻妾妄作姊妹嫁人者杖一百，妻妾杖八十知而典娶者各與同罪，並離異，財禮入官、不知者不坐、追還財禮，仍離異。
	陳金田譯：臺灣總督府臨時臺灣舊慣調查會：《臨時臺灣舊慣調查會第一部調查第三回報告書：臺灣私法第二卷》，（南投市：臺灣省文獻委員會民，1993 年）（臺中：臺灣省文獻委員會，1990 年 6 月），頁 557	〈戶律・婚姻・典雇妻妾律〉註有：「據會云：家貧賣妻依不應重，婦人仍歸後夫。」

4. 條目：縱容妻妾犯姦

分類：刑律犯姦		
時代	出　處	內　容
元	《元史》志第五十一刑法（三）姦非，（上海：新華書局，2004 年），頁 2090。	諸夫受財，縱妻為倡者，夫及姦婦、姦夫各杖八十七，離之。若夫受財，勒妻妾為倡者，妻量情論罪。諸和姦，同謀以財買休，卻娶為妻者，各杖九十七，姦婦歸其夫。諸夫妻不睦，夫以威虐，逼其妻指與人姦者，杖七十七，妻不坐，離之。

分類：刑律犯姦		
時代	出　　處	內　　容
明	黃彰健編，《明代律例彙編》〈刑律八·犯姦·縱容妻妾犯姦〉，（臺北：中央研究院歷史語言研究所，1979年），冊下，卷25，頁934。	凡縱容妻妾與人通姦，本夫、姦夫、姦婦，各杖九十。抑勒妻妾，及乞養女與人通姦者，本夫、義父，各姦一百，姦夫杖八十。婦女不坐。並離異歸宗〇若縱容抑勒親女，及子孫之婦妾，與人通姦者，罪亦如之〇若用財買休賣休，和娶人妻者，本夫本婦及買休人各杖一百。婦人離異歸宗，財禮入官。若買休人，與婦人用計逼勒本夫休棄，其夫別無賣休之情者，不坐。買休人及婦人，各杖六十，徒一年。婦人餘罪收贖，給付本夫，從其嫁賣。妾減一等。媒合人各減犯人罪一等。
清	［清］沈之奇撰：懷效鋒、李俊點校：《大清律輯注》（上），〈大清律集解附例卷之二十五〉刑律犯姦，（北京：法律出版社，2000年版），頁915～916。	凡縱容妻妾與人通姦，本夫、姦夫、姦婦，各杖九十。抑勒妻妾及乞養女與人通姦者，本夫、義父，各姦一百，姦夫杖八十。婦女不坐。並離異歸宗。若縱容抑勒親女，及子孫之婦、妾與人通姦者，罪亦如之。若用財買休、賣休，（因而）和（同）娶人妻者，本夫、本婦及買休人各杖一百。婦人離異歸宗，財禮入官。若買休人與婦人用計逼勒本夫休棄，其夫別無賣休之情者，不坐。買休人及本婦，各杖六十，徒一年。（其因姦不陳告，而嫁賣與姦夫者，本夫杖一百，姦夫、姦婦各盡本法。）婦人餘罪收贖，給付本夫，從其嫁賣。妾減一等。媒合人各減犯人（賣休及逼勒賣休）罪一等。
日據	陳金田譯：臺灣總督府臨時臺灣舊慣調查會：《臨時臺灣舊慣調查會第一部調查第三回報告書：臺灣私法第二卷》，（南投市：臺灣省文獻委員會民，1993年），頁556。	凡縱容妻妾與人通姦，本夫、姦夫、姦婦各杖九十……若用財賣休，買休（因而）和（同）娶人妻者，本夫、本婦及買休人各杖一百，婦人離異歸宗，財禮入官。若買休人與婦人用計逼勒本夫休棄，其夫別無賣休之情者不坐，買休人及本婦各杖六十、徒一年。婦人餘罪取贖給付本夫。
	陳金田譯、臺灣省文獻委員會編，《臺灣私法：臨時臺灣舊慣調查會第一部調查第三回報告書》（臺中：臺灣省文獻委員會，1990年6月），頁頁557	案據會云：家貧將妻不告官嫁賣與人為妻妾間不應，婦人仍歸後夫等語補足律之未備。蓋因貧賣妻雖律應離異，但本夫既不能養贍或無宗可歸，勢必又將失節轉嫁，不如給後夫，免追財禮。即屬行此禁時，賣者及被賣者皆生活無著，遂准其嫁賣。

參考文獻

一、古　籍

（一）經

1. 〔漢〕鄭玄注、〔唐〕孔穎達疏《禮記注疏》，台北：藝文印書館，1981，頁 999。

2. 〔魏〕王弼注：《周易》，台北：臺灣商務印書館，1967 年，頁 55。

（二）史

1. 〔西漢〕劉向：《戰國策》上〈孟嘗君出行國至楚〉，台北：里仁書局，1982年。

2. 〔東漢〕班固：《新校漢書集注》第四冊，〈嚴朱吾丘主父徐嚴終王賈傳第三十四下〉，台北：世界書局，1973 年。

3. 〔東漢〕范曄：《中國學術類編新校本後漢書并附編十三種》〈後漢書卷一上〉，台北：鼎文書局，1987 年。

4. 〔東漢〕范曄：《中國學術類編新校本後漢書并附編十三種》〈後漢書卷一上〉，台北：鼎文書局，1987 年。

5. 〔南齊〕梁朝蕭子顯撰：《中國學術類編新校本南齊書附索引》〈列傳第七王敬則〉，台北：鼎文書局，1993 年。

6. 〔宋〕李燾撰：《續資治通鑑長編》上海師範大學古籍整理研究所、華東師範大學古籍整理延吉漚所點校，北京市：中華書局，2004 年。

7.〔宋〕陳傅良：〈止齋集・桂陽軍告諭百姓榜文〉,《四庫全書薈要》,台北：世界書局,1986 年。

8.〔明〕馮夢龍：《壽寧待志》,福州,福建人民出版社,1983 年 6 月。

(三)子

1.〔戰國〕陳奇猷：《韓非子集釋》〈卷第十八六反〉,台北：漢京文化事業有限公司,1983 年。

(四)集

1.〔元〕關漢卿,吳國欽校注：《關漢卿戲曲集》,臺北市：里仁,民 87。

2.〔明〕西湖漁隱人：《歡喜冤家》,臺北縣：雙笛國際出版,1944 年。

3.〔明〕馮夢龍編刊、魏同賢校點：《醒世恆言》,江蘇省：江蘇古籍出版：新華發行,1991 年。

4.〔明〕蘭陵笑笑生：《金瓶梅》,臺北市：臺灣古籍出版；臺北縣：東芝文化總經銷,2006 年。

5.〔清〕俞樾：《右台仙館筆記》〈卷四〉,臺北市：廣文,1965 年。

6.〔清〕蒲松齡、張友鶴整理：《聊齋誌異》,漢京文化事業有限公司,1984 年。

7.〔清〕紀曉嵐：《閱微草堂筆記》,大中國圖書公司,1994 年 6 月再版。

8.〔清〕不著編人,《兵部則例□□卷・海禁》,清乾隆內(務)府抄本,北京國家圖書館藏。

9.〔清〕吳友如主編：《點石齋畫報》,廣州：廣東人民出版：古籍發行,1983 年。

(五)律 法

1.〔唐〕長孫無忌等撰：《唐律疏議三十卷》,臺北市：新文豐出公司編輯部,1985 年。

2.〔元〕《元史》志第五十一刑法,上海：新華書局,2004 年。

3.〔元〕《元典章》,北京市：中國書店出版,1990 年。

4.〔明〕《中華傳世法典：大明律》：法律出版社,1998 年版。

5. 〔明〕應檟:《大明律釋義》,收於《大明律釋義三十卷》,上海:上海古籍,2002 年。

6. 〔清〕沈之奇撰、懷效鋒、李俊點校:《大清律輯注》,法律出版社 2000 年版。

二、專　書

1. 中國第一歷史檔案館檔案,內閣全宗・刑科題本・婚姻類・嘉慶四年第 105 包。

2. 方寶璋:〈閩台民俗的歷史積澱與嬗變〉《閩台民間習俗》,福建:人民出版社出版,2003 年 7 月。

3. 王三慶,陳益源主編:《2007 東亞漢文學與民俗文化國際學術研討會論文集》〈蔡玫姿:典妻、共妻、賣妻小說中的風俗文化與性別主體發聲〉,(臺北市:樂學,2007 年),頁 257～289。

4. 王泰升:〈日治時期臺灣特別法域之形成與內涵——臺、日的「一國兩制」〉,收錄《臺灣法律史的建立》,臺北:三民總經銷,1997 年。

5. 王泰升:〈民事法的西方化〉,《臺灣法律史的建立》,臺北:三民總經銷,1997 年。

6. 王潔卿:《中國婚姻:婚俗、婚禮與婚律》,臺北:三民書局,1988 年。

7. 王躍生:《十八世紀中國婚姻家庭——建立在 1781～1791 年個案基礎上的分析》,北京:法律出版社,2000 年。

8. 台灣銀行經濟研究室編:《臺灣文獻叢刊資料庫,福建省例》刑政例上(六十三案),臺北市:臺灣銀行經濟研究室,1964 年。

9. 台灣銀行經濟研究室編:《臺灣私法物權編》,〈卷二物權／第一節業主權／第一款業主權之沿革／第二項厝地之業主權／第七五賣地基字〉,臺北市:臺灣銀行經濟研究室,1963 年。

10. 台灣銀行經濟研究室編:《臺灣南部碑文集成》〈丙、其他(上)／重修碑記〉,臺北市:臺灣銀行經濟研究室,1966 年。

11. 江寶釵:《臺灣古典詩面面觀》,巨流圖書有限公司,2002 年 3 月初版二刷。

12. 汪毅夫：《閩臺婦女史研究》，（福州市：海風出版社，2011年）。

13. 卓意雯著：《清代臺灣婦女的生活》，臺北：自立晚報社文化出版部，1993年5月。

14. 周鍾瑄主修：《諸羅縣志》，台北：台灣銀行經濟研究室，1961。

15. 易順鼎著、台灣銀行經濟研究室編：《魂南記》，臺北市：臺灣銀行經濟研究室，1965年。

16. 林正慧、曾品滄主編，《李景暘藏臺灣古文書》，臺北：國史館，2008年5月初版。

17. 林明義主編：《台灣冠婚葬忌家禮全書》，台北：武陵出版社，1989年。

18. 武占坤主編：《中華風土諺志》，北京：中國經濟出版社，1997年。

19. 法政學社編：《中國民事習慣大全》，廣益書局印行，1962年。

20. 前南京民國政府司法行政部（編），胡旭晟（等點校），《民事習慣調查報告錄》，北京：中國政法大學出版社，2000年。

21. 前南京國民政府司法行政部：《民事習慣調查報告錄》，北京：中國政法大學出版社，1998年。

22. 姜彬：《中國民間文學大辭典》，上海市：上海文藝出版社，1992年。

23. 施琅：《靖海記事‧盡陳所見疏》，台北：臺灣銀行經濟研究室，1958年。

24. 洪汝茂等編輯：《日治時期戶籍登記法律及用語編譯（增修版）》，臺中縣政府，2005年。

25. 洪麗完：《臺灣社會生活文書專輯》，臺北：中研院臺史所籌備處，2002年。

26. 胡中生：〈賣身婚書與明清徽州下層社會的婚配和人口問題〉，收入：明清人口婚姻家族史論編寫組（編），《明清人口婚姻家族史論：陳捷先教授、馮爾康教授古稀紀念論文集》，天津：天津古籍出版社，2002年，頁1～20。

27. 胡旭晟：〈20世紀前期中國之民商事習慣調查及其意義（代序）〉，收入：前南京國民政府司法行政部（編），胡旭晟（等點校），《民事習慣調查報告錄》1～17。

28. 胡健偉編：《澎湖志略》，台北：臺灣銀行經濟研究室，1961 年。

29. 祝瑞開：《中國婚姻家庭史》，上海：學林出版社，1999 年。

30. 袁穎生：《臺灣光復前貨幣史述》，南投：臺灣省文獻委員會編印，2001 年。

31. 馬若孟：《臺灣農村社會經濟發展》，臺北市：牧童，1979 年。

32. 高拱乾撰：《臺灣府志》，臺北市：臺灣銀行經濟研究室，1960 年。

33. 張孟珠：〈婚姻與買賣之間：清代社會典、賣妻等相關風俗初探〉，收於黃寬重主編，《基調與變奏：七至二十世紀的中國》，台北：國立政治大學歷史學系等出版，2008 年。

34. 張萬善（修），許聞詩（纂），邊疆方志之五《（察哈爾省）張北縣志》：（臺北：臺灣學生書局，1967 年）‧據民國 23 年〔1934〕鉛印本景印）。

35. 梁治平：《清代習慣法：社會與國家》，北京市：中國政法大學出版社出版發行：新華經銷，1996 年。

36. 眭鴻明，《清末民初民商事習慣調查之研究》，北京：法律出版社，2005 年。

37. 莊秋情：《台灣鄉土俗語》，（臺南縣政府，1998 年）。

38. 郭松義、定宜庄：《清代民間婚書研究》，北京：人民出版社，2005 年。

39. 郭松義：《倫理與生活──清代的婚姻關係》，北京：商務印書館，2000 年。

40. 陳支平：《500 年來福建的家族社會與文化》，上海：三聯書局，1991 年。

41. 陳文達編纂：《臺灣縣志》，台北：臺灣銀行經濟研究室，1961 年。

42. 陳主顯：《台灣俗諺語典‧卷五婚姻家庭》，（台北：前衛出版社，2000 年），頁 277。

43. 陳昭如：〈日本時代臺灣女性離婚權的形成──權力、性別與殖民主義〉，若林正丈、吳密察主編：《台灣重層近代化論文集》，臺北：播種者文化有限公司，2000 年。

44. 陳淑均著、臺灣銀行經濟研究室編印：臺灣文獻叢刊第一六〇種《噶瑪蘭廳志》第二冊，（臺北市：臺灣銀行經濟研究室，1963 年）。

45. 陳盛韶：《問俗錄：福建・台灣的民俗與社會》，卷二〈水溺〉，臺北市：武陵，1991 年。

46. 陳紹馨：《臺灣的人口與社會變遷》，台北：聯經出版社，1979 年。

47. 陳瑛珣：《明清契約文書中的婦女經濟活動》，臺北：台明文化事業有限公司，2006 年一版一刷。

48. 陳緯一、劉澤民編著：《力力社古文書契抄選輯：屏東崁頂力社村陳家古文書》，南投市：台灣文獻館，2006 年。

49. 陳鵬：《中國婚姻史稿》，北京：中華書局，1990 年。

50. 陳顧遠：《中國婚姻史》，上海書店出版，1984 年 5 月第 1 版。

51. 陶希聖：《婚姻與家族》，台灣：臺灣商務印書館，1980 年。

52. 曾秋美：《台灣媳婦仔的生活世界》，台北：玉山社，1998 年。

53. 費孝通著、戴可景譯：《江村經濟，又名，中國農民的生活》，香港：中華，1987 年 10 月出版。

54. 馮明珠、李天鳴主編：《臺中東勢詹家　清水黃家古文書集》，臺北：國立故宮博物院，2008 年初版一刷。

55. 馮爾康：《古人生活剪影》，北京，中國社會出版社 1999 年 1 月版。

56. 黃秀政、張勝彥、吳文星著：〈第七章、日治時代的政治與經濟〉，《臺灣史》，台北：五南，2002 年。

57. 黃叔璥：《臺海使槎錄》，台北：臺灣銀行經濟研究室，1957 年。

58. 黃叔璥著、臺灣銀行經濟研究室編印：臺灣文獻叢刊第四種《臺海使槎錄》〈赤崁筆談〉，（台北：臺灣銀行經濟研究室，1957 年）。

59. 黃宗智：《法典、習俗與司法實踐：清代與民國的比較》，上海：上海書店出版：上海世紀出版集團發行：新華經銷，2007 年。

60. 黃彰健編：《明代律例彙編》，臺北：中央研究院歷史語言研究所，1979 年。

61. 楊國楨：《明清土地契約文書研究》，北京：北京人民出版社，1988 年。

62. 楊熙：《清代台灣：政策與社會變遷》，台北：天工書局，1985。

63. 楊鴻烈：《中國法律發達史》，上海市：上海，1990 年。

64. 葉麗婭：《典妻史》，上海：文藝出版社，2000 年。

65. 葉麗婭：《試論典妻風俗》，民俗研究，1989 年第 3 期。

66. 福建省地方志編纂委員會編：《福建省志》，方志出版社，1997 年。

67. 福建省地方志編纂委員會編：《福建省志‧人口志》，北京：方志出版社，1998 年。

68. 福建省寧壽檔案館藏，編號 023。

69. 翟灝：《臺陽筆記》頁 19，台北：臺灣銀行經濟研究室，1958 年。

70. 臺灣慣習研究會原撰、劉寧顏主編、臺灣省文獻委員會譯編：《臺灣慣習記事（中譯本）第貳卷下，第十二號》，臺灣省政府印刷廠，1987 年 2 月出版，1997 年六月再版。

71. 臺灣慣習研究會原撰、劉寧顏主編；臺灣省文獻委員會譯編：《臺灣慣習記事（中譯本）第一卷第十一號》，南投縣：臺灣省文獻委員會，1984 年。

72. 臺灣慣習研究會原撰；劉寧顏主編；臺灣省文獻委員會譯編：《臺灣慣習記事（中譯本）第壹卷下》，台中：臺灣省文獻委員會，1984 年 6 月。

73. 臺灣銀行金融研究室編印：臺灣研究叢刊第九種《臺灣之人口》，臺北：中華書局，1951 年。

74. 臺灣銀行經濟研究室編印：臺灣文獻叢刊第一六五種《清聖祖實錄選輯》〈康熙二十二年六月二十九日〉，（臺北市：臺灣銀行經濟研究室，1963 年）。

75. 臺灣銀行經濟研究室編印：臺灣文獻叢刊第一六四種《澎湖廳志》第二冊，（台北：臺灣銀行經濟研究室，1963 年）。

76. 臺灣銀行經濟研究室編輯：《台灣私法人事編》，南投：臺灣省文獻委員會，1994 年。

77. 臺灣總督府‧臨時臺灣舊慣調查會，臺灣省文獻委員會編，陳金田譯：《臨時臺灣舊慣調查會第一部調查第三回報告書：台灣私法附錄參考書第一卷中》，台北：南天書局有限公司，1911 年。

78. 臺灣總督府‧臨時臺灣舊慣調查會，臺灣省文獻委員會編，陳金田譯：《臨時臺灣舊慣調查會第一部調查第三回報告書：台灣私法附錄參考書第二卷上》台北：南天書局有限公司，1995 年 2 刷。

79. 臺灣總督府‧臨時臺灣舊慣調查會，臺灣省文獻委員會編，陳金田譯：《臨時臺灣舊慣調查會第一部調查第三回報告書：臺灣私法第一卷》，台中市：臺灣省文獻委員，1990 年。

80. 臺灣總督府‧臨時臺灣舊慣調查會，臺灣省文獻委員會編，陳金田譯：《臨時臺灣舊慣調查會第一部調查第三回報告書：臺灣私法第二卷》，南投市：臺灣省文獻委員，1993 年。

81. 劉翠溶：《明清時期家族人口與社會經濟變遷》，臺北市：中央研究院經濟研究所，1992 年 6 月。

82. 蔣師轍：《臺游日記》臺北市：臺灣銀行經濟研究室，1957 年。

83. 蔣毓英：《臺灣府志》，北京：中華書局，1985 年 5 月。

84. 鄧孔昭：〈清政府禁止沿海人民偷渡臺灣和禁止赴臺者攜眷其對臺灣人口的影響〉，《台灣十年研究》，福建：廈門大學出版社，1990 年。

85. 戴月芳：《台灣的姊姊妹妹》，五南出版社，2014 年 11 月。

86. 臨時臺灣舊慣調查會：《調查經濟資料報告》（臨時臺灣舊慣調查會第二部）下冊，1905 年。

87. 薛允升原著，黃靜嘉校訂：《讀例存疑重刊本》，（臺北：成文出版公司，1970 年）。

88. 藍鼎元：（臺灣文獻叢刊第一四種）〈附錄‧經理臺灣疏〉，《平台紀略》，台北：臺灣銀行經濟研究室，1958 年。

89. 蘇冰、魏林：《中國婚姻史》，台北：文津出版社，1994 年。

三、期　刊

1. 尹章義：〈清代台灣婦女社會地位〉《歷史月刊》1990 年 3 月第 26 期。

2. 毛利平：〈清代的嫁妝〉，《清史研究》2006 年 2 月第 1 期。

3. 吳聰敏：〈臺灣農村地區之消費者物價指數：1902～1941〉，《經濟論文叢刊》，2005 年 12 月 33 卷 4 期。

4. 李世暉：〈日本政府與殖民統治初期台灣的幣制改革〉，《政治科學論叢》，2008 年 12 月第 38 期。

5. 汪毅夫:〈閩台婦女史研究三題〉,(漳州師範學院學報·哲學社會科學版 24 卷 3 期,2010 年 09 月),頁 102～105。

6. 周婉窈:〈歷史的統合與建構——日本帝國國內台灣、朝鮮和滿州的「國史」教育〉載《台灣史研究》,2003 年 6 月第十卷第一期,。

7. 俞江:〈清末《安徽省民事習慣調查錄》讀後〉,《法制史研究:中國法制史學會會刊》,2002 年第 3 期。

8. 春楊:〈民事習慣及其法律意義——以清末民初民商事習慣調查為中心〉,《法律文化研究》,2006 年第 2 期。

9. 洪麗完:〈「鸞鳳和鳴」——清代社會史資料拾遺之一〉,(《台灣史田野研究通訊》第 18 期 1991 年),頁 52;廖風德,〈清代臺灣婚約中反映之婚制——清代臺灣農村制度之二——〉,(《政大歷史學報》第 5 期 1987 年)

10. 徐建平:〈近代典妻風俗的區域分布,兼評葉麗婭,《典妻史》〉,九州學林,2013 年 04 月。

11. 徐海燕:〈略論中國古代典妻婚俗及其產生根源〉,《瀋陽師範大學學報(社會科學版)》,2005 年第 4 期。

12. 徐曉望:〈從溺嬰習俗看福建歷史上的人口自然構成問題〉(《福建論壇·經濟社會版》2003 年第 3 期。

13. 耿慧玲:〈禁錮婢女碑與清代臺灣婦女地位研究〉,《朝陽學報》,2008 年 09 月(13 期)。

14. 莊金德:〈清代台灣的婚姻禮俗〉,《臺灣文獻》,1963 年第十四卷第三期。

15. 莊金德:〈清初嚴禁沿海人民偷渡來臺始末〉,《台灣文獻》,1964 第 15 卷第 3 期。

16. 莊淑芝:〈宿命的女性——論龍瑛宗的「一個女人的記錄」和「不知道的幸福」〉,《國文天地》,1991 年第 7 卷第 5 期。

17. 許毓良:〈清代臺灣的人口估量〉,《興大歷史學報》,2008 年 8 月第二十期。

18. 陳哲三:〈清代草屯地區的地價及其相關問題〉,《逢甲人文社會學報》,2003 年 11 月第 7 期。

19. 陳哲三：〈清季清丈與日初土地調查對台灣民間契字演變之影響——以草屯地區為例〉，《台灣文獻》，2009 年 6 月 30 日第 51 卷第 2 期。

20. 陳惠齡：〈女人的船屋與男人的牛車－探析沈從文（丈夫）和呂赫若（牛車）二文中「典妻賣淫」訊息及訊息言說的方式〉，（臺灣文學學報 20 期 2012 年 06 月），頁 47～74。

21. 曾文亮：〈全新的「舊慣」：總督府法院對臺灣人家族習慣的改造（1898～1943）〉，《臺灣史研究》2010 年 3 月第 17 卷第 1 期。

22. 廖風德：〈清代臺灣婚約中反映之婚制——清代臺灣農村制度之二——〉，《政大歷史學報》，1987 年 5 月第 5 期。

23. 蔣晗玉：〈關于「妻子」的流轉交易〉，《書屋》，2008 年 11 月 6 日。

四、學位論文

1. 何佳韻：《日治時期臺灣北部地方米價的新探索——《新屋鄉葉氏嘗簿》的解讀與介析》，國立成功大學歷史學系學位論文，2010 年。

2. 吳景傑：《明代判牘中的婦女買賣現象》，國立暨南國際大學歷史學系碩士論文，2009 年。

3. 阮玉如：《清代台灣婚姻禮俗研究》，國立台南大學國語文學系碩士論文，2010 年。

4. 高幸佑：《日治時期臺灣小說中的女性形象》，國立中山大學中國文學系碩士論文，2015 年，頁 17。

5. 張孟珠，劉祥光：《清代底層社會「一妻多夫」現象之研究》，臺北：國立政治大學歷史學系，2013 年 12 月 31 日初版。

6. 張孟珠：《清代貞節的實踐及其困境》，國立中正大學歷史研究所碩士論，2001 年。

7. 陳依婷：《臺灣離婚制度在公、私領域的出現與受容——日治時期離婚判決書之研究》，國立成功大學台灣文學系學位論文，2016 年。

五、日治法院檔案

1. 〈大正 2 年第 804 號〉，判決日期：1913 年 12 月 27 日。

2. 〈大正 8 年單民第 206 號〉，判決日期：1919 年 06 月 12 日。

3. 〈大正 10 年單民第 1131 號〉，判決日期：1921 年 11 月 15 日。

4. 〈大正 12 年合民第 46 號〉，判決日期：1924 年 03 月 20 日。

5. 〈大正 13 年合民第 333 號〉，判決日期：1925 年 03 月 06 日。

6. 〈昭和 14 年合民第 107 號〉，判決日期：1940 年 04 月 19 日。

7. 〈昭和 14 年合民第 148 號〉，判決日期：1940 年 05 月 31 日。

8. 〈昭和 15 年合民第 168 號〉，判決日期：1941 年 05 月 31 日。

六、報　紙

1. 臺灣新報，第二百五十五號，（明治 30）1897-07-17，版次：01。

2. 臺灣日日新報，第二千八百一號，（明治 40）1907-09-03，版次 4。

3. 臺灣日日新報，第三千百十七號，（明治 41）1908-09-18，版次 6。

4. 臺灣日日新報，第三千七百三十一號，（明治 43）1910-10-01，版次 3。

5. 臺灣日日新報，第三千九百十號，（明治 44）1911-04-13，版次 3。

6. 臺灣日日新報，第六千九百十五號，（大正 8）1919-09-15，版次：04。

7. 臺灣日日新報，第一萬一千六百四十二號，（昭和 7）1932-09-05，版次：04。

七、外籍資料

1. 〔日〕作者待考：《臺灣協會會報》，東京：株式会社ゆまに書房，1987年。

2. 〔日〕中央研究院台灣史研究所臺史所臺灣研究古籍資料庫：臺灣總督官房法務課員編纂：《民法對照臺灣人事公業慣習研究（附關係高等法院判例）》〈臺灣二於ケル親族相續二關スル判例要旨——婚姻〉，〔出版地不詳〕〔出版者不詳〕，昭和〔6〕年（1931 年）。

3. 〔日〕仁井田陞：〈明清時代の人賣及人質文書の研究（一）〉，《史學雜志》，第 46 編，東京都，1935 年 04 月。

4. 〔日〕仁井田陞：《支那近世の戲曲小說に見えたる私法》，收入：福島正夫（等編），《中國の傳統と革命・仁井田陞集》，東京：平凡社，1974 年。

5. 〔日〕佐倉孫三：《臺風雜記》，台北：臺灣銀行經濟研究室，1961 年。

6. 〔日〕李承機：〈植民地新聞としての《台湾日日新報》論：「御用性」と「資本主義性」のはざま〉，《植民地文化研究》，2003 年 7 月第 2 期。

7. 〔日〕唐文基著、鶴見尚弘譯，《明清時代福州地方土地典賣文書の研究》，《東洋學報》（1990 年 12 月第 72 卷第 1～2 號），頁 29～51。

8. 〔日〕山根勇藏：《台灣民族性百談》，台北：南天書局，1995 年。

9. 〔日〕台灣總督府編：《台灣俚諺集覽》〈第五篇人倫・夫婦〉，（台北市：南天，1991 年）。

10. 〔日〕杵淵義房：《台湾社会事業史》，德友会出版，1940 年 4 月。

11. 〔日〕滋賀秀三，《中國家族法の原理》，東京：創文社，1981 年。

12. 〔日〕臺灣總督府覆審法院編：《覆審法院判例全集》，臺北：盛文社，1920 年。

13. 〔日〕臺灣總督府覆審・高等法院編纂，再編集構成小森惠編：《覆審・高等法院判例》〔自明治二九年至昭和一八年〕（全十二卷），復刻發行所文生書院，平成七（1995）年三月二八日發行。

14. 〔日〕臺灣總督官房法務課員編纂：《民法對照臺灣人事公業慣習研究（附關係高等法院判例）》〈臺灣二於ケル親族相續二關スル判例要旨——婚姻〉，〔出版地不詳〕〔出版者不詳〕，昭和〔6〕年（1931），頁163。

15. 〔日〕臺灣總督官房調查課編：《昭和元年・臺灣第二十二統計摘要》，臺北市臺灣總督官房調查課發行，1927 年。

16. 〔日〕西英昭〈『民商事習慣調查報告錄』成立過程の再考察——基礎情報の整理と紹介〉，《中國——社會と文化》，2001 年第 16 期。

17. 山根勇藏：《台灣民俗風物雜記》，武陵出版社，1989 年 5 月。

18. 片岡巖，陳金田譯：《臺灣風俗誌》，臺北：眾文圖書有限公司，1994 年 5 月二版三刷。

19. 北山富久二郎、許冀湯譯：〈日據時代臺灣之幣制政策〉，《台灣經濟史第七集》，臺灣經濟史（臺灣銀行經濟研究室），台北：臺灣銀行，1959 年。

20. 岸本美緒：《明清時代における「找価回贖」問題》，《中國——社會と文化》，1997 年第 12 卷。（中譯本：岸本美緒〔著〕、鄭民欽〔譯〕。（明

清時代的「找價回贖」問題），收入：楊一凡、寺田浩明〔主編〕，《中國法制史考證，丙編第四卷》日本學者考證中國法制史重要成果選譯‧明清卷，北京：中國社會科學出版社，2003 年。

21. 岸本美緒著，李季樺譯：〈妻可賣否？——明清時代的賣妻、典妻習俗——，收錄在陳秋坤、洪麗完主編，《契約文書與社會生活：台灣與華南社會（1600～1900）研討會論文集》（台北：中央研究院台灣史研究所籌備處，2001 年），頁 225 至頁 263。原發表為〔日〕岸本美緒，〈妻を売ってはいけないか？明清時代の売妻‧典妻慣行〉，《中国史学》，1998 年第 8 期。

22. 金關丈夫編、林川夫編譯：《民俗臺灣》第一輯，臺北：武陵出版社，1990 年。

23. 金關丈夫編、林川夫編譯：林川夫：《民俗台灣》第二輯，臺北：武陵出版社，1980 年 2 月。

24. 梶原通好著、李文祺譯：《臺灣農民的生活節俗》，台北，臺原出版社，1998 年一版五刷。

25. 〔美〕Matthew H‧Sommer, The Adjudication of Wife-Selling in Qing County Courts: 220 Cases from Ba, Nanbu, and Baodi Counties（由巴縣、南部縣與寶坻縣 220 件案例檢視清代法庭對嫁賣妻子罪刑的審理），宣讀於 2005 年 10 月 13 日至 15 日「明清司法運作中的權力與文化」學術研討會，後翻譯為〔美〕蘇成捷（Matthew H‧Sommer）著，林文凱譯：〈清代縣衙的賣妻案件審判：以 272 件巴縣、南部與寶坻縣案子為例證〉，收於邱澎生，陳熙遠編：《明清法律運作中的權力與文化》，台北：中央研究院、聯經出版，2009 年。

八、網路資源

1. 中央研究院臺灣史研究所臺灣史檔案資源系統（http://tais.ith.sinica.edu.tw/sinicafrsFront/index.jsp）

2. 中央研究院臺灣史研究所臺灣文獻叢刊資料庫（http://tcss.ith.sinica.edu.tw/cgi-bin/gs32/gsweb.cgi/login?o=dwebmge）

3. 中央研究院臺灣史研究所臺灣研究古籍資料庫（http://rarebooks.ith.

sinica.edu.tw/sinicafrsFront99/browse/browsing_class.htm）

4. 國史館臺灣文獻館臺灣總督府檔案（http://ds3.th.gov.tw/ds3/app000/）

5. 國史館臺灣文獻館臺灣民俗文物辭典（http://dict.th.gov.tw/）

6. 日治法院檔案資料庫（http://tccra.lib.ntu.edu.tw/tccra_develop/）

7. 日治時期戶口調查資料庫（https://www.rchss.sinica.edu.tw/popu/index.php#）

8. 日治時期圖書影像系統（http://hyerm.ntl.edu.tw:2135/cgi-bin/gs32/gsweb.cgi/login?o=dwebmge&cache=1516164947388）

9. 日治時期期刊影像系統（http://hyerm.ntl.edu.tw:2136/cgi-bin/gs32/gsweb.cgi/login?o=dwebmge&cache=1516164888153）

10. 日治時期臺灣時報 Taiwna JIHO 資料庫 1898～1945 合集（http://hyerm.ntl.edu.tw:2328/cgi-bin2/Libo.cgi?）

11. 臺灣日日新報資料庫（http://hyerm.ntl.edu.tw：2222/cgi-bin2/Libo.cgi?）

12. 臺灣日治時期統計資料庫（http://tcsd.lib.ntu.edu.tw/main_search.php）

13. 汪毅夫:〈「典賣其妻」的證言證物〉，臺灣中評網查詢日期：2019 年 1 月 12 日（http://www.crntt.tw/doc/1051/4/3/8/105143848.html?coluid=7&kindid=0&docid=105143848）

14. 吳聰敏:〈1895 年前後台灣的產出、工資率與物價〉，1999 年，下載日期：2018 年 10 月 28 日（http://homepage.ntu.edu.tw/~ntut019/ltes/wp1895.pdf）